12 PASOS PARA TRANSFORMARSE EN UN JEFE ENTRENADOR

Coordinación editorial
Gabriela Scalamandré

Diseño de tapa
Juan Pablo Olivieri

MARTHA ALICIA ALLES

12 PASOS PARA TRANSFORMARSE EN UN JEFE ENTRENADOR

GRANICA

BUENOS AIRES - MÉXICO - SANTIAGO - MONTEVIDEO

ARGENTINA
Ediciones Granica S.A.
Lavalle 1634 3º G / C1048AAN Buenos Aires, Argentina
Tel.: +54 (11) 4374-1456 - Fax: +54 (11) 4373-0669
granica.ar@granicaeditor.com
atencionaempresas@granicaeditor.com

MÉXICO
Ediciones Granica México S.A. de C.V.
Industria No. 82, Colonia Nextengo, Delegación Azcapotzalco
02070 Ciudad de Máxico - México
Tel.: +5255-5360-1010
granica.mx@granicaeditor.com

URUGUAY
Ediciones Granica S.A. Scoseria 2639 Bis
11300 Montevideo, Uruguay
Tel: +59 (82) 712 4857 / +59 (82) 712 4858
granica.uy@granicaeditor.com

CHILE
granica.cl@granicaeditor.com
Tel.: +56 2 8107455

ESPAÑA
granica.es@granicaeditor.com
Tel.: +34 (93) 635 4120

www.granicaeditor.com

ISBN 978-950-641-980-6

Hecho el depósito que marca la ley 11.723

Impreso en Argentina. *Printed in Argentina*

Alles, Martha Alicia
12 pasos para transformarse en un jefe entrenador / Martha Alicia Alles. - 1ª ed. - Ciudad Autónoma de Buenos Aires: Granica, 2019.
224 p. ; 23 x 17 cm.

ISBN 978-950-641-980-6

1. Administración de Recursos Humanos. I. Título.
CDD 658.3

AGRADECIMIENTO

A mi esposo, Juan Carlos Cincotta.
Por su constante apoyo a todos mis proyectos
y sus aportes atinados a esta obra.

Índice

Presentación
de la nueva edición revisada

La presente obra se relaciona con otras dirigidas a jefes, en especial, *Rol del jefe*. El término "jefe" hace referencia a todas aquellas personas que tienen a otras a su cargo, dentro de una estructura jerárquica. Los jefes pueden tener niveles muy diversos, desde el número 1 de la organización hasta otro con pocos colaboradores a su cargo, sin importar su nivel jerárquico.

El número 1 de la organización es jefe al igual que otros que reportan a él y también tienen personas a cargo. Del mismo modo, es jefe aquel que posee y dirige una pequeña empresa en la que trabajan otras personas, familiares o no, y también es jefe el director de una película o de una orquesta, de un cuerpo de ballet o de un equipo deportivo.

Esta nueva edición ha sido objeto de una revisión integral con el propósito de brindar al lector una mirada completa de los roles necesarios para ser jefe, con una mirada al futuro, pensando en el 2030. Las personas, las organizaciones, encaminan su accionar de cara al futuro. Por ende, solo les serán útiles aquellas obras actualizadas, que planteen soluciones y caminos para enfrentar las circunstancias del mañana, con la mirada puesta en 2025, 2030, según cada caso.

En los últimos años me he visto en la necesidad de reescribir y revisar detalladamente algunos de mis títulos. Revisar implica, como en este caso, leer una obra en su totalidad, renglón por renglón, analizando si algo debe ser modificado.

En relación con el management, con las organizaciones, los jefes –de todos los niveles– y los colaboradores –también de todos los niveles– se han producido cambios relevantes producto de varias circunstancias, solo por mencionar algunas: la globalización, los nuevos contextos sociales, la irrupción de la tecnología en nuestras vidas cotidianas y, por otro lado, las nuevas generaciones que se suman al mundo del trabajo, estas últimas afectadas por los factores anteriores.

En las últimas décadas –además– se han roto algunos paradigmas. Los jefes no responden a estructuras piramidales basadas en la antigüedad en el cargo y la organización, o en la edad de los involucrados. Otros son los factores que determinan los roles y lugares ocupados en las diversas jerarquías.

La nueva edición de esta obra, revisada como decía anteriormente, recoge las nuevas tendencias acordes a los nuevos paradigmas y, también, a los comportamientos evidenciados por las nuevas generaciones.

Rol del jefe. Concepto integrador de las diversas facetas de la actividad de todo jefe. Enfoca su papel dentro de la organización, agregando a sus funciones tradicionales las responsabilidades y tareas inherentes a esta condición, por ejemplo: seleccionar colaboradores, evaluar su desempeño y entrenarlos, solo por nombrar algunas.

Los distintos roles de un jefe se exponen en la figura al pie.

Entre otros roles de importancia, todo jefe debe delegar y responder, dar aliento, y ser un entrenador.

En aquellas organizaciones que cuentan con un área de Recursos Humanos, para algunas de esas funciones el jefe contará con ese apoyo; por ejemplo, en selección y evaluación de colaboradores o cuando deba –eventualmente– desvincular a un integrante del equipo a su cargo. Lo mismo podría suceder con algunos otros temas.

En organizaciones donde no se cuenta con un área específica dedicada a RRHH, de un modo u otro las tareas atribuidas al área se llevan a cabo y de alguna forma los jefes participan en ellas, quizá llevándolas a cabo en su totalidad.

Velar por la equidad interna en su área de responsabilidad implica para el jefe una serie de responsabilidades, desde cierto manejo de las remuneraciones hasta impartir justicia en el trato, tanto desde su rol como respecto de los miembros de su equipo entre sí.

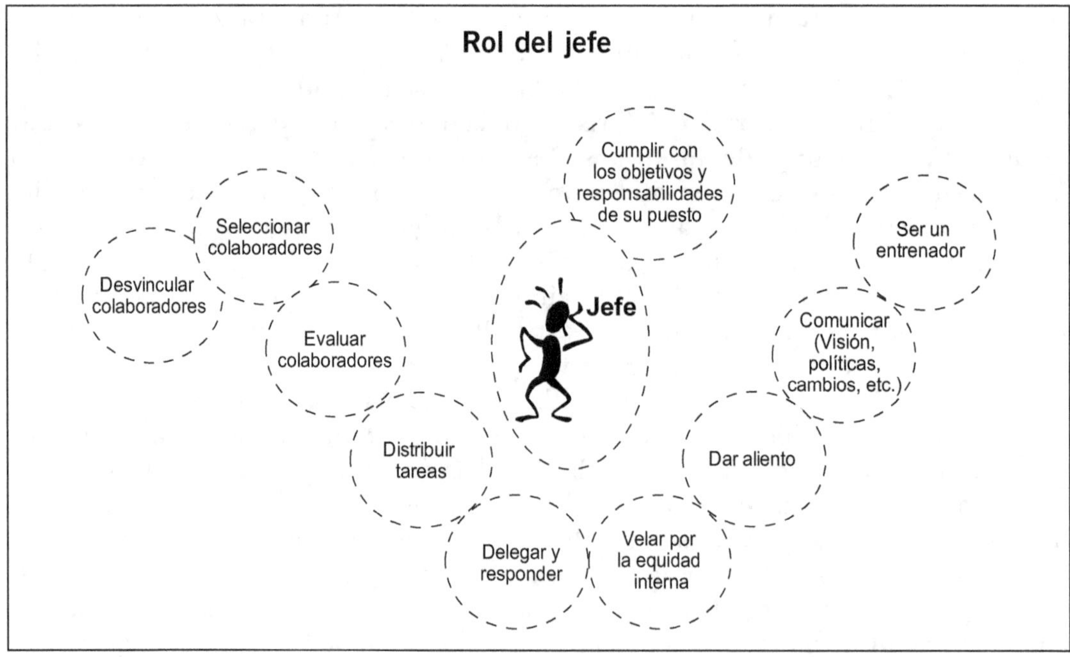

Método 12 pasos y el Rol del jefe

Las organizaciones realizan acciones diversas de formación para jefes. En esta obra le proponemos que, además, mejore sus capacidades a través del autodesarrollo.

El autodesarrollo comienza por acciones sencillas: conocer las tareas y responsabilidades del puesto junto con el grado requerido en las distintas competencias que esa posición demanda. Si la organización cuenta con un *diccionario de comportamientos,* leer los requeridos para el puesto ocupado será el primer paso para mejorar, para desarrollar cada competencia.

Algunas definiciones.

> **Autodesarrollo.** Acciones que realiza una persona, por su propia iniciativa, para mejorar.

> **Autodesarrollo dentro del trabajo.** Acciones que realiza una persona, por su propia iniciativa, para mejorar dentro del ámbito laboral y en relación con su puesto de trabajo.

> **Autodesarrollo fuera del trabajo.** Acciones que realiza una persona, por su propia iniciativa, para mejorar fuera del ámbito laboral y sin relación alguna ni con su puesto de trabajo ni con actividades laborales.

Para el autodesarrollo, en la Metodología MAI[1] se han diseñado diversas herramientas, a fin de que cada persona pueda adoptar alguna de ellas o todas, según lo que considere más conveniente.

- Guías para el autodesarrollo dentro del trabajo[2]. En la obra *Rol del jefe* se proponen 100 consejos al respecto, abiertos por temas: consejos para mejorar como jefe, sobre cómo delegar y conducir personas, para ser un jefe entrenador y, por último, para ser un jefe siglo XXI.
  También, sugerencias para incrementar conocimientos relacionados con el rol de jefe.

---

1. MAI – Martha Alles International.
2. *Guías de desarrollo dentro del trabajo.* Documento interno organizacional en el cual se describen las posibles acciones que se sugiere incorporar en la actividad cotidiana, a fin de alcanzar comportamientos más altos en relación con la competencia a desarrollar o incrementar/mejorar conocimientos, según corresponda. *Diccionario de términos de Recursos Humanos,* Ediciones Granica, Buenos Aires, 2011.

- Guías de desarrollo fuera del trabajo[3]. En la obra mencionada (*Rol del jefe*) se expone una "Guía de desarrollo para mejorar el 'Rol del jefe'" a través de acciones a realizar fuera del trabajo.
- *Método 12 pasos*, utilizado en esta obra. A continuación, una breve explicación de esta metodología.

Método 12 pasos para el autodesarrollo

Autodesarrollo son las acciones que realiza una persona, por su propia iniciativa, para mejorar. Sin embargo, en muchas ocasiones, una persona convencida y deseosa de llevar a cabo su autodesarrollo, no sabe cómo hacerlo. Por esta razón, las organizaciones ofrecen a sus colaboradores las guías de desarrollo, ya mencionadas. En el caso de esta obra, para mejorar los distintos roles de los jefes.

El *Método 12 pasos* está pensado y diseñado para el autodesarrollo de diferentes tipos de capacidades. Por su naturaleza, se trata de un método de aprendizaje que permite desarrollar tanto competencias como conocimientos y podría aplicarse dentro o fuera del trabajo y, según el caso, también de manera combinada. Es decir, tanto dentro como fuera del trabajo. Este método forma parte de la Metodología MAI©.

Para el desarrollo de un conocimiento y/o de una competencia, siempre es mejor dividir la acción a realizar en partes, en unidades de menor dimensión. Usualmente, dichas partes siguen una secuencia lógica.

Según lo expuesto, en el *Método 12 pasos* la o las capacidades se dividen en sus partes componentes, las cuales derivarán en pasos para la acción. A su vez, cada paso se abre en partes de menor tamaño, para facilitar el desarrollo llevándolo a acciones concretas. De este modo, la persona que esté utilizando el *Método 12 pasos* irá logrando progresos permanentes y graduales en cada paso, ya que en cada uno de ellos dispondrá de la opción de autoevaluarse y, adicionalmente, preguntarse acerca de cómo está haciendo las cosas.

Se proponen *12 pasos* en relación con una temática específica para alcanzar un nivel superior en la materia. El lector podrá autoadministrarse un test antes de poner en práctica la secuencia de pasos.

---

3. *Guías de desarrollo fuera del trabajo.* Documento interno organizacional en el cual se describen las posibles ideas que permitirían desarrollar las competencias del modelo organizacional en actividades no relacionadas con el ámbito laboral, poniendo en juego la competencia o incrementar/mejorar conocimientos, según corresponda. *Diccionario de términos de Recursos Humanos*, Ediciones Granica, Buenos Aires, 2011.

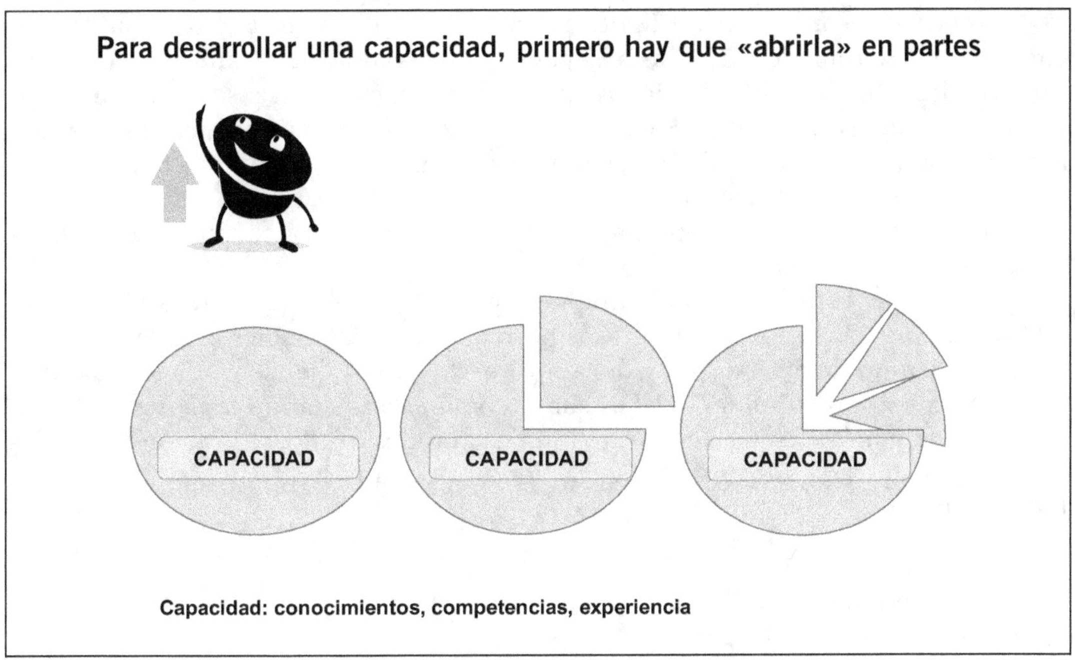
Para desarrollar una capacidad, primero hay que «abrirla» en partes
CAPACIDAD
CAPACIDAD
CAPACIDAD
Capacidad: conocimientos, competencias, experiencia

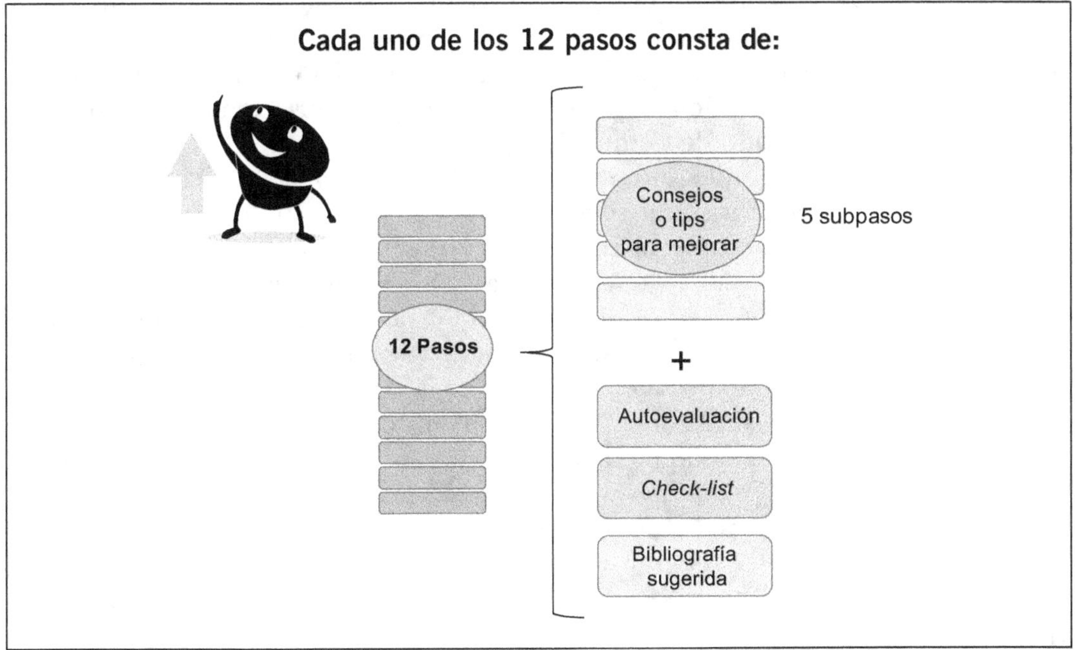
Cada uno de los 12 pasos consta de:
12 Pasos
Consejos
o tips
para mejorar
5 subpasos
+
Autoevaluación
Check-list
Bibliografía
sugerida

Como se desprende de la figura precedente, cada paso se abre, a su vez, en cinco partes. Se trata de cinco ideas/sugerencias, más una autoevaluación, un *check-list* y bibliografía sugerida. El desarrollo de los diversos temas se acompaña con espacios en blanco para que el lector pueda registrar sus experiencias, un plan de acción para mejorar, reflexiones y cualquier otro aspecto que quiera considerar en relación con el paso en cuestión.

Se incluyen, además, formularios de apoyo para llevar a cabo las distintas acciones recomendadas.

Un diseño como el descrito implica que la persona que esté utilizando el *Método 12 pasos* irá logrando progresos permanentes y graduales en cada paso, ya que en cada uno de ellos dispone de la opción de autoevaluarse y, adicionalmente, repreguntarse (a través del *check-list*) sobre cómo está haciendo las cosas.

Si bien el método en su conjunto implica autodesarrollo, se diseñan instancias intermedias en cada paso para asegurar los avances a lo largo de la aplicación de todo el proceso.

¿Por qué este método se llama *12 pasos* o ha sido diseñado en 12 pasos?

Hay una explicación, y antecedentes que respaldan esta formulación. Por un lado, las personas, la mayoría de nosotros, nos proponemos metas con formato anual del estilo "el año próximo haré tal cosa". Adicionalmente, en el mundo de las organizaciones suelen llevarse a cabo las evaluaciones del desempeño una vez al año, y las sugerencias de desarrollo y formación, en consecuencia, también se relacionan con un período de tiempo similar.

Sobre la base de todo lo anterior, en los años 2008 y 2009 Ediciones Granica diseñó agendas anuales para el desarrollo de los jefes de todos los niveles. En estas agendas, los 12 pasos se desplegaban en los 12 meses de cada año.

Continuando con la idea de las agendas y los planes anuales, cada persona podrá planear sus 12 pasos en el dispositivo que desee, ya sea en papel, en una tableta o teléfono inteligente, o a partir de un libro-cuaderno, aspecto que se verá más adelante. La idea se expresa en la figura de la página siguiente.

Relacionar 12 pasos con 12 meses es una idea, un concepto que se desea transmitir, aunque la aplicación del método no tiene que realizarse estrictamente de ese modo.

Una persona podrá elegir llevar a cabo los 12 pasos en un período más breve, por ejemplo, un paso cada 15 días, o cómo surge del concepto original (agenda), hacer un paso en un mes, o realizar su autodesarrollo más lentamente, por ejemplo, haciendo un paso en dos meses. El resultado a alcanzar en cualquiera de los ejemplos será el mismo: el autodesarrollo de la capacidad elegida.

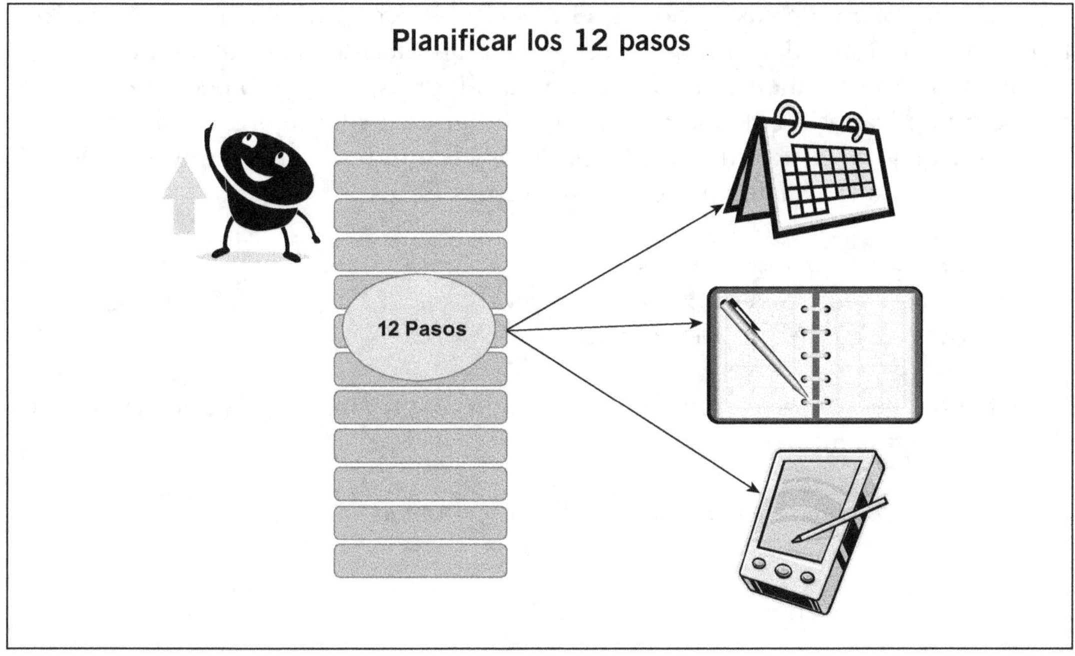

Los pasos, siempre, siguen un orden o secuencia. En cambio, el ritmo del desarrollo y el tiempo involucrado los administra cada uno.

Aplicación práctica del *Método 12 pasos*

Se han publicado varios libros basados en el *Método 12 pasos*[4]. Todos ellos tienen un formato de *diario* o *libro-cuaderno*[5], que permite mejorar diferentes capacidades. También se ha utilizado el *Método 12 pasos* para la confección de manuales internos, programas de entrenamiento experto y de jefe entrenador.

---

4. Libros donde se aplica el *Método 12 pasos* publicados por la autora con Ediciones Granica: *12 Pasos para ser un buen jefe*, *Cómo delegar efectivamente en 12 pasos*, *12 Pasos para transformarse en un jefe entrenador* y *12 pasos para conciliar vida profesional y personal*. En cada uno de ellos se proponen *12 pasos* en relación con una temática específica para alcanzar un nivel superior en la materia. En todos los casos se le plantea al lector acción y reflexión, a través de su propia autoevaluación. Se incluyen, además, formularios de apoyo para implementar los principales aspectos en relación con la temática del libro en cuestión.

5. Libro con formato de diario o libro-cuaderno es un concepto utilizado en el diseño de una publicación (libro) donde el desarrollo de los temas (cada uno de los pasos consta de cinco ideas/sugerencias, una autoevaluación, un check-list y bibliografía sugerida) se acompaña con espacios en blanco para que el lector pueda aportar sus experiencias, un plan de acción para mejorar, reflexiones y cualquier otro aspecto que quiera considerar en relación con el paso en cuestión.

En cualquiera de sus opciones, el *Método 12 pasos* propone asumir la acción, tomar la responsabilidad de actuar, lo que no significa dedicar mucho tiempo a la tarea: son breves momentos de reflexión para lograr *paso a paso* pequeños logros, que serán aplicados en la vida cotidiana, tendiendo a ser mejores cada día.

Para mejorar el Rol del jefe, sugerimos el autodesarrollo a través de los 12 pasos expuestos especialmente en los siguientes libros:

- *12 pasos para ser un buen jefe*
- *12 pasos para convertirse en un jefe entrenador*
- *Cómo delegar efectivamente en 12 pasos*

Y si bien es un tema complementario a los expuestos en esta obra, sugerimos considerar también:

- *12 pasos para conciliar vida profesional y personal*

Acerca de la nueva edición

En esta nueva edición totalmente revisada, hemos respetado las imágenes elegidas para representar tanto al jefe como al colaborador. Estas tienen un cierto aire *vintage* que nos pareció muy apropiado. Ciertos conceptos sobre los jefes son permanentes, así como, por el contrario, otras circunstancias nos han cambiado a todos, quizá para siempre, en la mayoría de los aspectos que conforman nuestra vida; el uso de la tecnología es uno de esos motores del cambio.

También hemos continuado en esta edición con algunas figuras tipo comic, para dirigir el foco a las cuestiones allí planteadas dándoles, al mismo tiempo, un tratamiento informal. Los jefes deberán ejercer sus roles de jefe en un contexto caracterizado por la informalidad sin dejar de lado su esencia (son los jefes). Por último, el lector encontrará formularios que lo ayudarán a llevar a la práctica los temas tratados en los 12 pasos.

Nuestra experiencia como consultores internacionales, actuando en países de toda Hispanoamérica, nos ha permitido encontrar un denominador común tanto en grandes empresas y holdings como en compañías medianas y pequeñas. A la mayoría de los jefes les cuesta asumir sus roles a pleno, ya sean jóvenes o con mayor experiencia. Muchos poseen ideas equivocadas sobre qué espera la organización respecto de su desempeño integral como jefes.

En numerosos casos, con la mejor intención, los jefes realizan acciones que, si bien pueden no estar totalmente equivocadas, no representan la mejor variante posible. Pero si a estos mismos jefes se les presentan otras opciones, se les muestran otros caminos, los siguen con entusiasmo. Desean hacer las cosas bien pero, en ocasiones, no saben muy bien cómo.

En resumen, siempre será de utilidad, tanto para los que son jefes desde hace mucho como para los que han asumido esa responsabilidad más recientemente, revisar conceptos, analizar si lo están haciendo bien, qué podrían hacer mejor. En todos los casos, siempre habrá algo que se pueda mejorar.

Los jóvenes que ya son jefes o aquellos que aspiran a serlo, encontrarán reflejadas en esta obra sus inquietudes, y quizás alguna que todavía no se han planteado.

Invito al lector a que nos escriba, comentando sus dudas y sugerencias. También si tiene alguna pregunta cuya respuesta no está en el libro. Podremos estar comunicados, como siempre, a través de cualquiera de nuestras participaciones en las redes sociales, así como escribiendo a la siguiente dirección de correo electrónico: **libros@marthaalles.com**

Introducción

La palabra *jefe* utilizada en el título es un concepto referido a todos aquellos que tienen personas a su cargo, sin importar su nivel jerárquico. El número uno de la organización es jefe al igual que otros que reportan a él y también tienen personas a su cargo. Del mismo modo, es jefe aquel que está al frente de su propia empresa en la que trabajan con él otras personas, familiares o no; y también es jefe el director de una película o de una orquesta, ballet o equipo deportivo. Con esta perspectiva hemos preparado este trabajo.

En la introducción de la obra *Rol del jefe* se planteó que uno de los roles de un jefe es el de ser entrenador para el desarrollo de sus colaboradores. En consecuencia, en la obra mencionada se ha destinado el capítulo 7 para tratar el rol del jefe como entrenador de sus colaboradores. Asimismo, se ha destinado el Paso 11, *Transfórmese en un jefe entrenador,* del libro-cuaderno *12 pasos para ser un buen jefe.*

¿Qué es un *jefe entrenador*?

Definición

El concepto *jefe entrenador* implica que el *jefe* es una persona que al mismo tiempo que cumple el *rol de jefe* lleva adelante otra función respecto de sus colaboradores: ser guía y consejero en una relación orientada al aprendizaje. Lo hace de manera deliberada, desea hacerlo y está convencido de los resultados a obtener.

No se usarán en este trabajo los términos en inglés *coaching* y *coach,* que, como tantos otros, se usan con demasiada frecuencia de manera inapropiada. En todos los casos, y siempre que sea posible, prefiero utilizar las palabras en español, en este caso, entrenamiento y entrenador.

El desarrollo de personas, tanto en conocimientos como en competencias, es un proceso de a dos. No puede darse el aprendizaje en una sola dirección. No se puede desarrollar a otra persona solo a través de la acción de, por ejemplo, el jefe. El aprendiz deberá poner algo de sí mismo para que el aprendizaje sea posible.

Para el desarrollo de una persona se necesita que esta, como sujeto de aprendizaje, desee transitar ese camino. En este trabajo se propone que el entrenador sea el jefe y que el colaborador aprenda de él.

Los 12 pasos que le planteamos pretenden mostrar no solo la fase a cargo del jefe –en este caso, jefe entrenador–, sino también cómo a partir de ciertas acciones se puede lograr –además– motivar el aprendizaje en el otro.

El lector debe saber que todo lo que diremos no alcanza si, "del otro lado", el receptor de lo que se plantea no desea llevar a cabo el aprendizaje. No obstante, esperamos lograrlo a través de la motivación, de sugerencias para transformarse en un ejemplo o modelo a imitar y de otros consejos que daremos a lo largo de los 12 pasos.

Para que el entrenamiento sea efectivo debe darse un clima de confianza mutua. El jefe confiar en su colaborador y este confiar en su jefe. Si en algún momento, en su rol de jefe, siente desconfianza en cualquiera de los dos sentidos, de parte suya o hacia usted, reflexione y analice la situación para ver cómo modificarla y alcanzar un clima de confianza compartida.

El entrenamiento de colaboradores es una tarea diaria, que se realiza cuando hace falta, en cualquier momento en que sea necesario. El jefe debe estar atento a las necesidades de su colaborador en materia de guía y consejo; no esperar que los problemas se presenten para decidirse a actuar: quizás entonces puede ser tarde.

En esta obra, como en otros trabajos de la serie *12 pasos,* se partirá de una primera autoevaluación para luego comenzar con los pasos, uno a uno. Quizás el resultado alcanzado en la evaluación sea "Excelente", o usted no deba mejorar en ninguno de los *pasos* en particular. De todos modos, lo instamos a reflexionar sobre los temas de esta obra, ya que siempre le será de utilidad.

A través de este libro-cuaderno le proponemos asumir la acción, tomar la responsabilidad de actuar. A las personas adultas no nos resulta sencillo cambiar, solemos estar apegados a ciertos hábitos. Para modificarlos, se debe reflexionar y alcanzar un nivel de convencimiento interno. Por ello es preciso trabajar profundamente. Quizás no implique dedicar mucho tiempo: son breves momentos de reflexión para lograr *paso a paso* pequeños logros, que serán concretados en la vida cotidiana, tendiendo a ser mejores jefes cada día.

Presentación de la obra

12 pasos para transformarse en un jefe entrenador es un libro con formato de *diario* o *libro-cuaderno* para mejorar su capacidad de entrenador. Como se deriva del título, y pensando en que sea un complemento de trabajo de la obra *Rol del jefe,* se proponen *12 pasos* para alcanzar un nivel superior de la competencia *Entrenador.* Cada paso propone una temática diferente. El lector podrá autoadministrarse un test antes de poner en práctica los *12 pasos.*

Cada uno de los pasos consta de cinco ideas/sugerencias, una autoevaluación, un *check-list* y bibliografía sugerida. El desarrollo de los temas se acompaña con espacios en blanco para que cada uno pueda aportar sus experiencias, un plan de acción para mejorar, reflexiones y cualquier otro aspecto que quiera considerar en relación con el paso en cuestión.

En este libro-cuaderno le presentamos, además, formularios de apoyo para entrenar y desarrollar a sus colaboradores con eficacia. Le recomendamos su utilización.

Sobre el final, se ofrece un nuevo test a fin de medir los progresos obtenidos luego de haber transitado los 12 pasos para mejorar su capacidad de delegación.

Los 12 pasos propuestos para mejorar y/o alcanzar un nivel superior como jefe entrenador son:

1. *Transfórmese en un referente en materia de aprendizaje*

2. *Promueva el desarrollo*

3. *Guíe a sus colaboradores*

4. *Sea un ejemplo para sus colaboradores*

5. *Construya el compromiso con la acción*

6. *Brinde aliento*

7. *Difunda los valores organizacionales. Luego, evalúe y brinde retroalimentación*

8. *Transfórmese en un modelo a seguir por sus valores y principios éticos*

9. *Sea proactivo en relación con las capacidades de sus colaboradores*

10. *Comparta conocimientos*

11. *Sea un modelo a seguir en relación con las competencias organizacionales*

12. *Desarrolle a su equipo a través de la delegación*

¿Cuál es la mejor forma de utilizar este diario de trabajo o libro-cuaderno para mejorar su capacidad de entrenador? Nuestra sugerencia es que vaya *paso a paso* y, dentro de cada paso, de *página en página*, analizando y reflexionando sobre cada tema de manera específica.

Para que el cambio sea posible deberá modificar comportamientos. Esto no se logra solo leyendo: se debe comprender, analizar los propios comportamientos y experiencias previas, y proponerse un plan de acción. Utilice para ello los espacios en blanco. Del mismo modo, para cada paso encontrará primero la autoevaluación con el plan de mejora y, como una última instancia, el *check-list* con las reflexiones relacionadas. Dedique tiempo a cada etapa y no pase a la siguiente sin haber finalizado la anterior. De este modo, el resultado será superior.

La temática conceptual en relación con los jefes ha sido tratada en *Rol del jefe*, obra que se complementa con tres libros-cuaderno:

- *12 pasos para ser un buen jefe*

- *Cómo delegar efectivamente en 12 pasos*

- *12 pasos para transformarse en un jefe entrenador*

En este trabajo, *12 pasos para transformarse en un jefe entrenador* , se profundizan los temas tratados en el primero de los mencionados *(12 pasos para ser un buen jefe)* y se focaliza en el desarrollo de la competencia *Entrenador*. Por esta razón el lector encontrará cinco ejercicios para el desarrollo de esta competencia. Realice cada uno de los ejercicios propuestos como una forma de alcanzar un nivel superior en cada aspecto o bien para reforzarlo, si ya posee el nivel más alto.

El esquema planteado en este libro-cuaderno, a través de 12 pasos, implica un proceso en varias etapas, desde el desarrollo de su propia capacidad de aprendizaje, hasta la detección de brechas y el desarrollo de sus colaboradores. Para lograr el objetivo, usted deberá transformarse, además, en un ejemplo a seguir. Por último, para ser un buen jefe entrenador se debe delegar. Este proceso se transformará en uno de tipo *continuo* cuando usted adquiera o desarrolle la capacidad de entrenador.

Hemos mencionado diferentes libros publicados por Ediciones Granica, sobre temas relacionados con las funciones adicionales que todo jefe debe realizar. A continuación se dará una breve descripción de los objetivos propuestos y cuál es la utilidad que el lector podrá encontrar en cada una de estas obras.

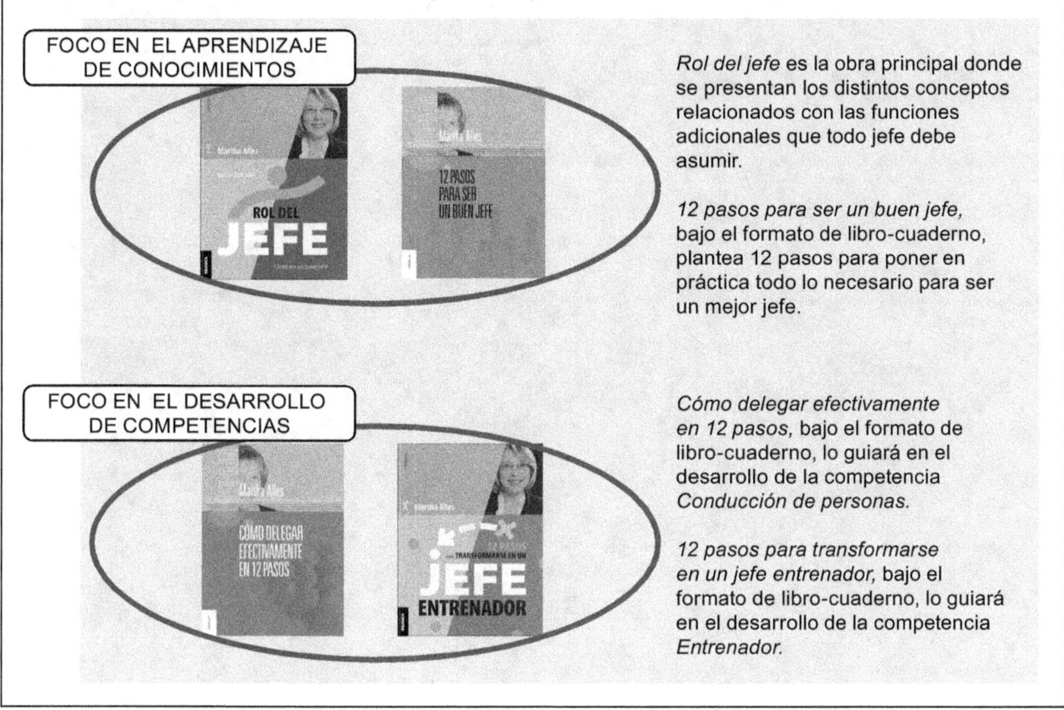

Rol del jefe es la obra principal donde se presentan los distintos conceptos relacionados con las funciones adicionales que todo jefe debe asumir.

12 pasos para ser un buen jefe, bajo el formato de libro-cuaderno, plantea 12 pasos para poner en práctica todo lo necesario para ser un mejor jefe.

Cómo delegar efectivamente en 12 pasos, bajo el formato de libro-cuaderno, lo guiará en el desarrollo de la competencia *Conducción de personas.*

12 pasos para transformarse en un jefe entrenador, bajo el formato de libro-cuaderno, lo guiará en el desarrollo de la competencia *Entrenador.*

Si el lector tiene alguna pregunta o desea expresar su punto de vista sobre las temáticas relacionadas con esta obra le sugerimos escribirnos a **libros@martha alles.com**.

Comenzando por el principio

La primera evaluación
Test: *¿Soy un "jefe entrenador" de mis colaboradores?*

Primera evaluación.
Test: *¿Soy un "jefe entrenador" de mis colaboradores?*

La autoevaluación que se le propone lo ayudará a conocer su nivel como jefe entrenador. Muchas de las preguntas son aplicables –también– a aquellas personas que, no siendo jefes aún, desearían serlo. En ese caso, quizás no todas las preguntas sean pertinentes.

Pregunta	PUNTAJE

1 · **Pregunta sobre usted: ¿con que frecuencia asiste a actividades formativas?**

Opciones

A. Mensualmente.	**A** 1 punto
B. Cada seis meses.	**B** 0,75 punto
C. Una vez al año.	**C** 0,50 punto
D. Muy raramente (cada dos años o más).	**D** 0,25 punto
E. No lo hago.	**E** 0 punto

Pregunta   **PUNTAJE**

2   **Pregunta sobre usted: ¿su asistencia a actividades formativas es por sugerencia de…?**

Opciones

A. En todos los casos (100%), por propia decisión.	**A**	1 punto
B. 75% de los casos, por propia decisión.	**B**	0,75 punto
C. 50% de los casos, por propia decisión.	**C**	0,50 punto
D. Organizadas por el área de RRHH o sugeridas por mi jefe.	**D**	0,25 punto
E. Asisto a las actividades por obligación / No asisto a actividades de formación.	**E**	0 punto

Pregunta

3   **¿Con qué frecuencia asisten sus colaboradores a actividades formativas?**

Opciones

A. Mensualmente.	**A**	1 punto
B. Cada seis meses.	**B**	0,75 punto
C. Una vez al año.	**C**	0,50 punto
D. Muy raramente (cada dos años o más).	**D**	0,25 punto
E. No lo hacen.	**E**	0 punto

Pregunta		PUNTAJE

4 ¿La asistencia de sus colaboradores a actividades formativas es por sugerencia de…?

Opciones

A. En todos los casos (100%), producto de mi gestión como jefe. — **A** 1 punto

B. 75% de los casos, producto de mi gestión como jefe. — **B** 0,75 punto

C. 50% de los casos, producto de mi gestión como jefe. — **C** 0,50 punto

D. Organizadas por el área de RRHH (u otro responsable, según corresponda). — **D** 0,25 punto

E. No asisten a actividades formativas. — **E** 0 punto

Pregunta

5 ¿Identifica las necesidades de aprendizaje de sus colaboradores (conocimientos y competencias) y luego las corrobora con ellos?

Opciones

A. Siempre. — **A** 1 punto

B. Frecuentemente (la mayoría de las veces). — **B** 0,75 punto

C. La mitad de las veces. — **C** 0,50 punto

D. Ocasionalmente. — **D** 0,25 punto

E. No lo hago. — **E** 0 punto

Pregunta

PUNTAJE

6 **Cuando sus colaboradores necesitan aprender un conocimiento o desarrollar una competencia, ¿qué hace usted como jefe?**

Opciones

A. Siempre ayudo a mis colaboradores.	**A** 1 punto
B. Frecuentemente (la mayoría de las veces) los ayudo.	**B** 0,75 punto
C. La mitad de las veces y dentro de mis posibilidades los ayudo.	**C** 0,50 punto
D. Ocasionalmente los ayudo, estoy muy ocupado.	**D** 0,25 punto
E. Nada. No es mi problema.	**E** 0 punto

Pregunta

7 **Cuando sus colaboradores necesitan aprender un conocimiento o desarrollar una competencia, ¿se informa en el área de RRHH?**

Opciones

A. Siempre.	**A** 1 punto
B. Frecuentemente (la mayoría de las veces).	**B** 0,75 punto
C. La mitad de las veces.	**C** 0,50 punto
D. Ocasionalmente.	**D** 0,25 punto
E. No lo hago.	**E** 0 punto

Pregunta   **PUNTAJE**

8 **Al delegar tareas, ¿verifica que estas se correspondan con las capacidades (conocimientos y competencias) del colaborador al que fueron delegadas?**

Opciones

A. Siempre.	**A** 1 punto
B. Frecuentemente (la mayoría de las veces).	**B** 0,75 punto
C. La mitad de las veces.	**C** 0,50 punto
D. Ocasionalmente.	**D** 0,25 punto
E. No lo hago.	**E** 0 punto

Pregunta

9 **Al delegar tareas, ¿ofrece a sus colaboradores apoyo/ayuda de modo que ellos puedan consultarlo si tienen dudas al respecto?**

Opciones

A. Siempre.	**A** 1 punto
B. Frecuentemente (la mayoría de las veces).	**B** 0,75 punto
C. La mitad de las veces.	**C** 0,50 punto
D. Ocasionalmente.	**D** 0,25 punto
E. No lo hago.	**E** 0 punto

Pregunta   **PUNTAJE**

10

¿**Sus colaboradores practican el autodesarrollo, tanto en conocimientos como en competencias?**

Opciones

A. Sí, la mayoría de ellos.

B. Sí, aproximadamente la mitad de ellos.

C. No, ninguno o muy pocos lo hacen.

A	1 punto
B	0,50 punto
C	0 punto

Resultado

Si el puntaje obtenido es mayor a 7 puntos, usted es un jefe entrenador. En ese caso, igualmente le sugerimos realizar los 12 pasos siguientes, ya que siempre se puede mejorar.

Si el puntaje obtenido es entre 5 y 7 puntos, su nivel como jefe entrenador es intermedio. Le sugerimos esforzarse de modo de alcanzar un grado mayor en su capacidad como entrenador.

Si el puntaje obtenido es menor a 5 puntos, necesita mejorar para alcanzar un grado más alto en su capacidad como entrenador.

12 pasos

para transformarse en un buen jefe entrenador

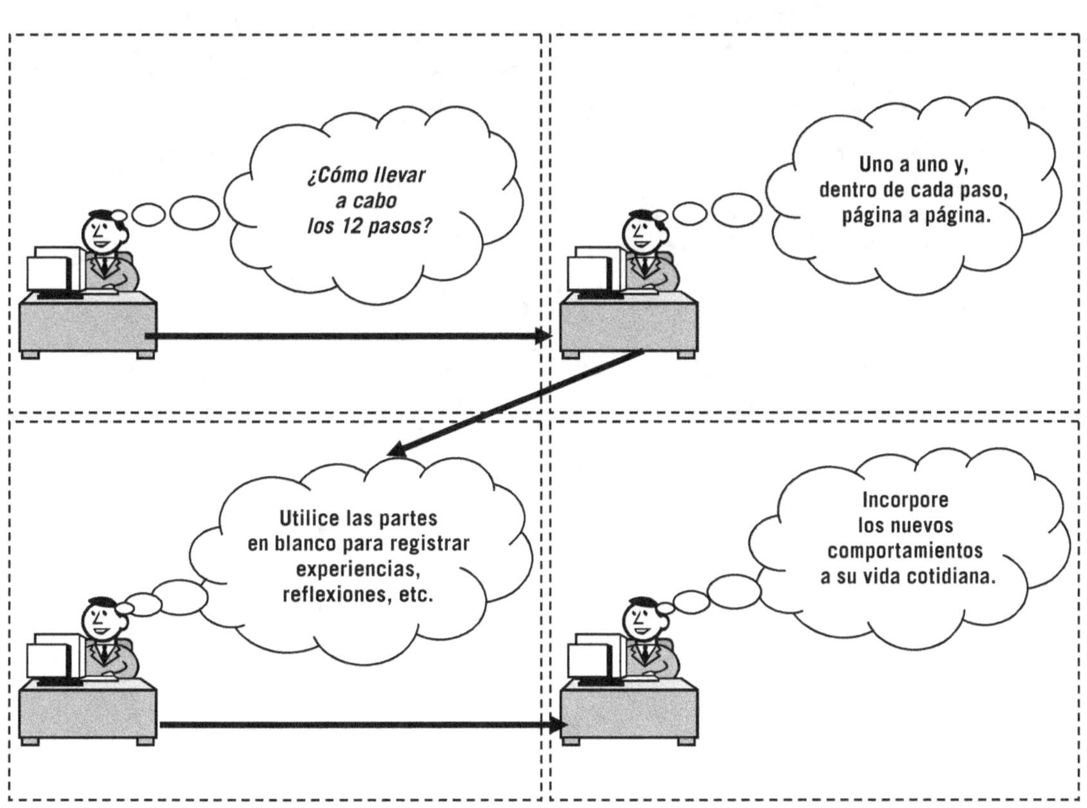

12 pasos para transformarse en un jefe entrenador

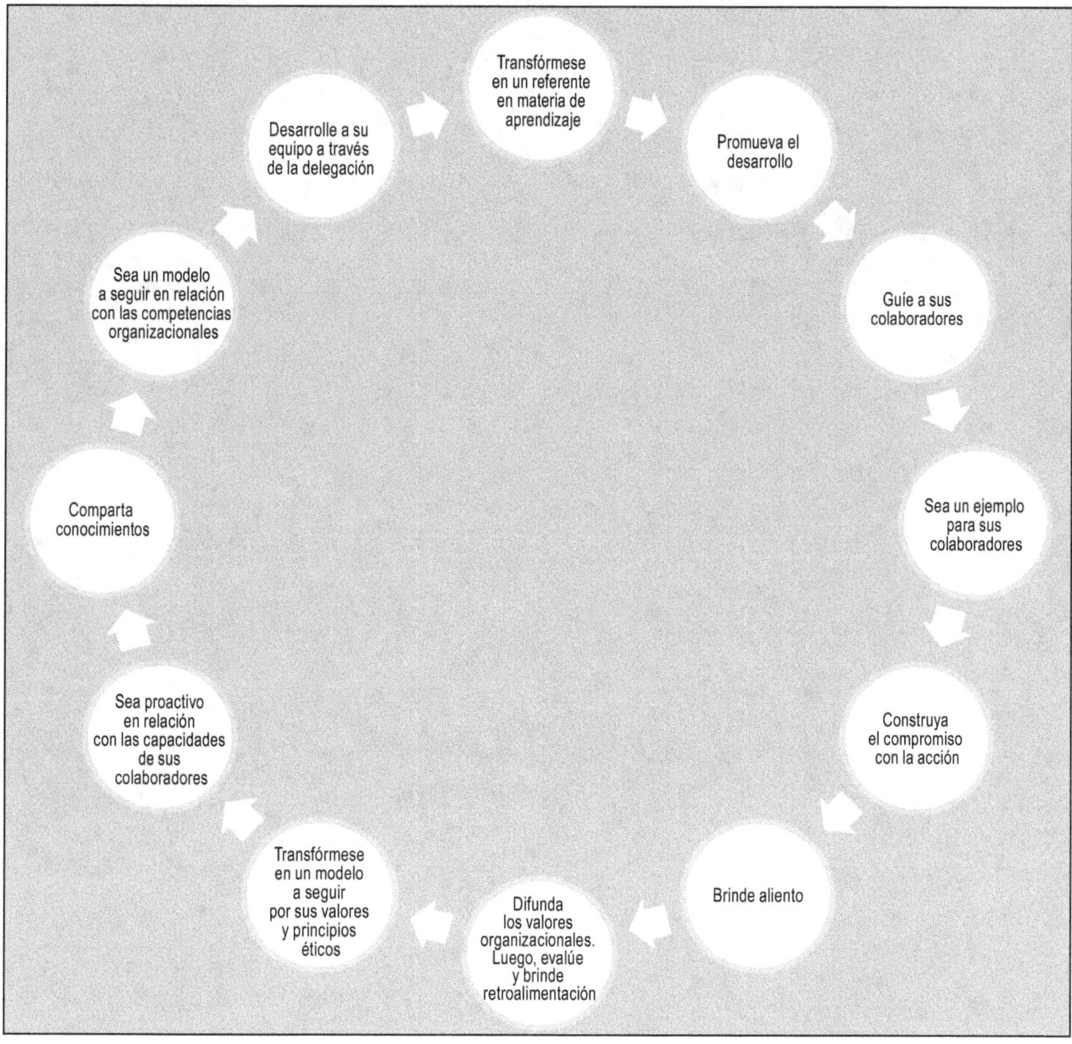

Para facilitar la puesta en práctica de los 12 pasos, en esta obra le ofrecemos una serie de formularios de apoyo.

Vea en las páginas finales un detalle
de todos los formularios utilizados
en esta obra y su relación
con cada uno de los 12 pasos

Paso 1: Transfórmese en un referente en materia de aprendizaje

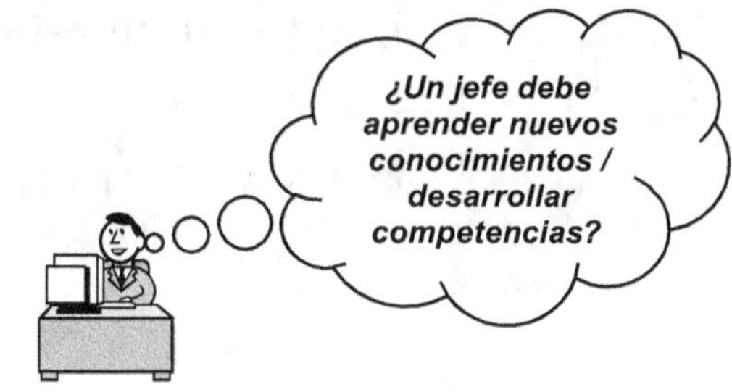

El aprendizaje es un proceso continuo

Un dicho popular dice que *la caridad bien entendida comienza por casa*. Aplicando esta frase al tema que nos convoca, el aprendizaje comienza siempre por uno mismo. Una persona, aunque sepa mucho acerca de un tema en particular, nunca lo sabrá todo al respecto. Por lo tanto, siempre habrá "algo" para aprender.

Por otro lado, los colaboradores observan el comportamiento de sus jefes, y si estos son proclives al aprendizaje, este comportamiento será transmitido de manera positiva. Si, por el contrario, los colaboradores perciben una actitud negativa por parte de su jefe directo en relación con los nuevos conocimientos y el desarrollo de competencias, verán como inconsistencia de su parte cualquier recomendación que pueda formulárseles en materia de aprendizaje.

El aprendizaje de adultos es un tema específico tratado por muchos autores. Sobre el particular es importante conocer que las personas aprenden más y mejor cuando primero reciben una explicación sobre el tema en cuestión y luego pueden llevarlo a la práctica. El *círculo del aprendizaje* se cierra cuando, una vez que se ha llevado a la práctica el nuevo conocimiento, es posible realizar sobre esta experiencia una observación reflexiva. Es decir:

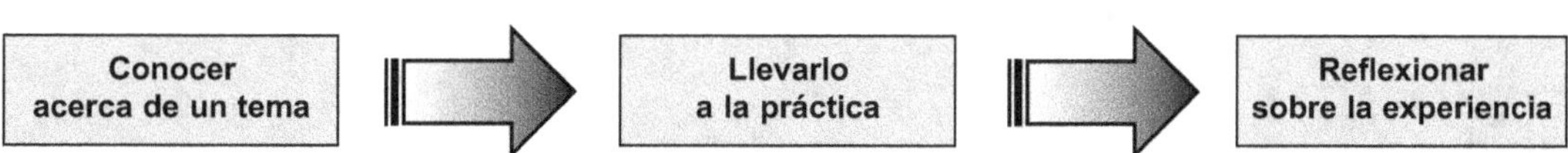

Luego, el círculo del aprendizaje vuelve a comenzar: una persona conoce más sobre el mismo tema, lleva a la práctica los nuevos conocimientos y, por último, reflexiona sobre la experiencia.

Para lograr un cambio de comportamientos (desarrollo de competencias) el proceso de aprendizaje se realiza de manera similar al descrito más arriba.

Al interesado en profundizar sobre estos temas le sugiero dos libros de mi autoría: *Codesarrollo. Una nueva forma de aprendizaje* y *Desarrollo del talento humano*.

Paso 1: Transfórmese en un referente en materia de aprendizaje

Realice un profundo análisis sobre sus comportamientos en relación con el aprendizaje: ¿es receptivo?, ¿es curioso?, ¿aprende rápido?, ¿le gusta aprender cosas nuevas, en relación con su profesión o sobre otros temas?

Para ser un jefe entrenador una persona debe tener un comportamiento proactivo con relación a su propio aprendizaje.

Las personas curiosas e interesadas en conocer y estar al día en su campo profesional o de actuación pueden llegar a ser mejores jefes entrenadores. Por esta razón, comenzamos por el principio: ¡analizar cómo es usted frente al aprendizaje!

El aprendizaje puede realizarse por múltiples caminos: desde estudiar hasta observar a otros hacer determinadas tareas. Aprender de un profesor, de un entrenador experto o practicar el autodesarrollo.

Recuerde

No importa el método o camino que usted utilice, ya que cualquiera puede servir para alcanzar objetivos de aprendizaje. Las personas pueden aprender de formas muy diferentes, lo verdaderamente importante es el resultado que se obtenga.

NOTAS

Paso 1: Transfórmese en un referente en materia de aprendizaje

Reflexione. Si usted no tiene una alta predisposición al aprendizaje no podrá ser un jefe entrenador. Por lo tanto, si ese es su caso, deberá comenzar por usted mismo.

Si usted no es proactivo respecto de su propio aprendizaje... ¡reflexione!

Primero, porque se está perdiendo algo importante. Aprender, estar al día, siempre le dará satisfacciones, tanto personales como profesionales y/o laborales. Segundo, y con relación al tema de este trabajo, no podrá pedirles a otros que aprendan si usted no lo hace. Las excusas no valen. Sus colaboradores verán su comportamiento y si usted, ya sea con palabras, gestos o ciertas acciones concretas (comportamientos), deja traslucir su falta de interés en aprender, ellos recibirán ese mensaje y actuarán del mismo modo. Además, otras personas –como su propio jefe– verán este tipo de comportamientos de su parte.

Recuerde

No puede pretender que otras personas, aunque sean sus colaboradores, realicen acciones –en este caso, aprender– si perciben una actitud negativa de su parte al respecto; por ejemplo, si usted no es proclive al aprendizaje y/o el tema no le interesa.

NOTAS

Paso 1: Transfórmese en un referente en materia de aprendizaje

El primer paso para aprender sobre cualquier disciplina o tema es reconocer que algo al respecto no se sabe o que, aun conociendo mucho sobre la temática, siempre podrá aprender más, conocer más, analizar nuevos puntos de vista.

Para ser un referente frente a cualquier tema se deben dar dos circunstancias: conocer sobre la materia en cuestión y que los otros así lo perciban. En este caso, usted –como jefe– deberá ser un ejemplo a seguir en materia de aprendizaje, y sus colaboradores deberán percibirlo de ese modo.

Para aprender hay que estar abierto a los nuevos conocimientos. En ocasiones, no se aprenden cosas nuevas porque, en lugar de conocimientos, se tienen "creencias". Cuando esto ocurre, el aprendizaje no se verifica. Analice su caso en particular.

Recuerde

Para aprender, primero se debe reconocer la necesidad, que algo no se sabe, o bien que, conociendo acerca del tema, siempre puede existir otra mirada, otro enfoque, información adicional, "algo" más que lo que usted ya sabe.

Si logra abrir su mente de este modo, el aprendizaje llega. En caso contrario, se produce el efecto inverso: el proceso de *no aprendizaje*.

NOTAS

Paso 1: Transfórmese en un referente en materia de aprendizaje

Una persona orientada al aprendizaje es curiosa, quiere estar permanentemente al día y actualizada en temas diversos.

La curiosidad puede ser un defecto o una virtud. Será un defecto cuando la curiosidad lo lleve a querer saber sobre aquello que no le concierne, en especial, cuando se relaciona con la vida privada de otras personas.

Sin embargo, la curiosidad es una virtud si usted desea saber aquello que no le concierne específicamente pero que se relaciona con su quehacer profesional. En este último caso, usted podrá estar informado un poco más de lo necesario y transformarse de ese modo en un experto en su especialidad.

Recuerde

En este momento, estar al día y actualizado es más fácil y difícil al mismo tiempo. Más fácil, porque la información abunda, casi en exceso. Más difícil, porque deberá poder discernir entre la información genuina y valiosa y otra que no lo es.

NOTAS

Paso 1: Transfórmese en un referente en materia de aprendizaje

Si usted se considera con una buena predisposición al aprendizaje, reflexione sobre cómo lo perciben los demás, en especial sus colaboradores. El ideal a alcanzar será que lo consideren un referente en materia de aprendizaje.

Una vez que usted reflexionó sobre su capacidad de aprendizaje, analice cómo lo perciben los otros.

En ocasiones, el jefe no desea que sus colaboradores perciban que *no sabe algo o que debe aprender sobre una determinada materia.* Esto es un grave error. Todas las personas debemos aprender, y mucho. El conocimiento nunca se alcanza; se puede saber comparativamente más que otros sobre un determinado tema, pero nunca se alcanza la totalidad del conocimiento.

Recuerde

En mi opinión, es una suerte tener algo para aprender cada día, frente a un horizonte sin límites, asumiendo que nunca se llegará a poseer todo el conocimiento posible sobre un tema en particular.

Imagine que usted está siguiendo un camino que lo lleva a una meta que cada vez se aleja más. Tenga en mente esta imagen y no sienta temor a que los otros sepan que usted necesita aprender. De ese modo, será un referente para otros en materia de aprendizaje.

NOTAS

Paso 1: Transfórmese en un referente en materia de aprendizaje

Analice sus comportamientos en materia de aprendizaje. ¿Aprende rápido? ¿Cómo reacciona frente a temas nuevos: los incorpora inmediatamente o espera un tiempo? Cuando tiene dudas o no está seguro sobre una cuestión en particular, ¿busca bibliografía específica?, ¿consulta con un referente o experto en el tema o, por el contrario, utiliza su propio criterio?

Reflexión

....
....
....
....
....
....

Plan de acción para mejorar

....
....
....
....
....
....

Paso 1: Transfórmese en un referente en materia de aprendizaje

Check-list para ser un referente en aprendizaje

¿Cómo es usted, realmente, en relación con el aprendizaje?	Sí	No
¿Es curioso, desea estar informado y al día acerca de los temas de su especialidad / profesión?		
¿Aprende rápido?		
¿Es consciente de que siempre hay algo más para aprender?		
¿Es consciente de que no es posible conocer acerca de todo y de que siempre puede existir otra persona que sepa más que usted?		
¿Está genuinamente interesado en aprender?		
Sus colaboradores, sus superiores y otras personas, en general, ¿lo perciben como proactivo frente al aprendizaje?		

La respuesta más adecuada a estas preguntas es "Sí". Si usted eligió "No", revise sus comportamientos, relea las sugerencias de esta obra y, si desea profundizar aún más sobre el tema, al pie de esta página encontrará lecturas adicionales sugeridas.

Reflexiones sobre el *check-list*

....

....

....

....

....

....

....

Bibliografía sugerida

- Alles, Martha. *Desarrollo del talento humano. Basado en competencias.* Ediciones Granica, 2017.
- Alles, Martha. *Codesarrollo. Una nueva forma de aprendizaje.* Ediciones Granica, 2009.
- Alles, Martha. *Diccionario de comportamientos. La Trilogía. Tomo 2.* Ediciones Granica, 2015.

Paso 2: Promueva el desarrollo

Un jefe debe promover el desarrollo de las capacidades de sus colaboradores. Como surge de lo visto en el paso anterior, comenzando por sí mismo.

Para un buen desempeño de las tareas y responsabilidades a su cargo, tanto usted como sus colaboradores deben poner en juego una mezcla de:

- Conocimientos

- Competencias

- Experiencia

El jefe será el responsable de evaluar estas capacidades en sus colaboradores para luego determinar las necesidades de cada uno en los tres ítems mencionados. Se sugiere la utilización de los formularios:

- **F2A**

- **F2B**

- **F2C**

En las páginas siguientes encontrará los formularios mencionados junto con consejos y sugerencias para su mejor utilización.

Recuerde conceptos

Conocimiento: conjunto de saberes ordenados sobre un tema en particular, materia o disciplina.

Competencia: hace referencia a las características de personalidad, devenidas en comportamientos, que generan un desempeño exitoso en un puesto de trabajo.

Experiencia: práctica prolongada de una actividad (laboral, deportiva, etc.) que permite incorporar nuevos conocimientos e incrementar la eficacia en la aplicación de los conocimientos y las competencias existentes, todo lo cual redunda en la optimización de los resultados de dicha actividad.

Fuente: Alles, Martha. *Diccionario de términos de Recursos Humanos*. Ediciones Granica, 2011.

Paso 2: Promueva el desarrollo

Realice un profundo análisis sobre sus comportamientos en relación con el desarrollo de personas: ¿cree en el desarrollo o, por el contrario, es escéptico al respecto?

Antes de pensar en sus colaboradores, comience por usted mismo. ¿Cuáles son sus comportamientos habituales en materia de desarrollo? ¿Trabaja de manera permanente para crecer, tanto en conocimientos como en competencias? ¿Cuál es su posición frente al desarrollo, tanto propio como de las otras personas?

Recuerde conceptos

Desarrollo: acción de hacer crecer algo, por ejemplo, una competencia o un conocimiento.

Desarrollo de competencias: acciones tendientes a alcanzar el grado de madurez o perfección deseado en función del puesto de trabajo que la persona ocupa en el presente o se prevé que ocupará más adelante.

Desarrollo de conocimientos: acciones tendientes a acrecentar un conocimiento, usualmente a través de su utilización (puesta en práctica).

Fuente: Alles, Martha. *Diccionario de términos de Recursos Humanos*. Ediciones Granica, 2011.

NOTAS

Paso 2: Promueva el desarrollo

Reflexione. Si usted no tiene una postura positiva frente al desarrollo, no cree en él, no podrá ser un jefe entrenador. Por lo tanto, si ese es su caso, deberá comenzar por rever esta posición.

Una vez que indagó sobre cómo usted ve el desarrollo de personas, a modo de ejercicio, le sugiero analizarse a usted mismo con relación a este aspecto. ¿Sus comportamientos se parecen a los siguientes ejemplos?

- *Identifica con facilidad nueva información, trasladándola a su ámbito de trabajo y a su equipo con notable naturalidad*
- *Visualiza rápidamente situaciones para la aplicación exitosa de conocimientos recientemente adquiridos*
- *Está abierto a abandonar viejas prácticas o modos de leer la realidad, y a implementar en el corto plazo las novedades, con resultados que lo diferencian del resto de su grupo*
- *Es considerado un referente dentro de la organización a la hora de incorporar cambios referidos a procedimientos, herramientas o conceptos*

Recuerde

Los ejemplos constituyen un ideal a alcanzar. ¡Reflexione!

NOTAS

....

....

....

....

....

....

Paso 2: Promueva el desarrollo

Si usted es escéptico, plantéese un plan de desarrollo para sí mismo: asúmalo como un desafío personal. No podrá alentar a sus colaboradores a desarrollarse si no lo hace usted mismo.

En la página anterior se incluyeron ejemplos positivos de la competencia *Capacidad para aprender.* A continuación le brindamos otros, en este caso, negativos.

- *No se preocupa por incorporar nuevos modos de desarrollar y mejorar su trabajo*
- *Es cerrado tanto en relación con sus razonamientos como en cuanto a la puesta en práctica de ellos*
- *Es inflexible cuando se le propone algún cambio con respecto a sus formas habituales de trabajo*
- *Le desagrada concurrir a cursos de capacitación*
- *Obstaculiza su propia tarea y las de su entorno manteniendo antiguos conceptos y procedimientos*
- *Cuestiona y resalta siempre las desventajas cuando otra persona propone un modo nuevo de trabajo que plantee nuevos conceptos o diferentes formas de ver las cosas*

Recuerde

Si sus comportamientos se relacionan con alguno de los expuestos (o todos), le sugiero que los revea: implican tener no desarrollada la capacidad para aprender.

NOTAS

....

....

....

....

....

....

Paso 2: Promueva el desarrollo

Promover el desarrollo es mucho más que decir que sí cuando un colaborador plantea que desea aprender algo. Implica inducir al otro a mejorar, a realizar acciones con el propósito de crecer.

Analice los conocimientos, la experiencia y las competencias de sus colaboradores con el propósito de determinar brechas, para luego –en función de ellas– hacer foco en el aprendizaje de los tres aspectos señalados.

Recuerde

Complete de manera objetiva y a conciencia para cada colaborador el formulario F2A.

Luego, para cada uno, prepare un plan de acción completando el formulario F2B.

Por último, para tener un panorama completo de todos sus colaboradores y los respectivos planes de acción en materia de aprendizaje, complete el formulario F2C.

NOTAS

....

....

....

....

....

....

Paso 2: Promueva el desarrollo

Si usted se considera con una buena predisposición al desarrollo de personas, reflexione sobre cómo lo perciben los demás, en especial sus colaboradores. El ideal a alcanzar será que lo consideren un referente en materia de desarrollo.

No alcanza con completar los formularios mencionados (F2A, F2B y F2C). Usted deberá primero estar convencido y luego ser convincente cuando transmita esta información a sus colaboradores.

Si ellos perciben que solo lleva adelante estas acciones porque eso se espera de usted y no está genuinamente convencido, perderá eficacia todo lo realizado.

Recuerde

Usted deberá estar convencido sobre la necesidad y las bondades del aprendizaje para que así lo perciban los otros. No es lo que usted dice sino lo que hace lo que otros verán con mayor precisión, y serán estos comportamientos los que determinarán que sus colaboradores lo perciban –o no– como un referente en materia de aprendizaje y desarrollo de personas.

NOTAS

Paso 2: Promueva el desarrollo

AUTOEVALUACIÓN

¿Qué piensa sobre el desarrollo del talento, tanto en conocimientos como en competencias? ¿Es escéptico al respecto o, por el contrario, cree que todos pueden mejorar en su desarrollo personal? ¿El desarrollo del equipo a su cargo es un tema dentro de su área de incumbencia o, en oposición, depende de las políticas organizacionales? ¿Cómo reacciona cuando un colaborador solicita algún tipo de formación o entrenamiento?

Reflexión

....

....

....

....

....

....

Plan de acción para mejorar

....

....

....

....

....

....

Paso 2: Promueva el desarrollo

Check-list sobre su capacidad para promover el desarrollo

¿Evalúa las capacidades y promueve el desarrollo?	Sí	No
¿Prepara un listado de sus colaboradores analizando sus conocimientos, experiencia y competencias?		
¿Les brinda retroalimentación a sus colaboradores, en el caso de que presenten brechas (en conocimientos, experiencia, competencias)?		
¿Prepara un plan de acción para sus colaboradores en relación con las brechas detectadas?		
¿Ofrece apoyo y ayuda a sus colaboradores para que puedan reducir las brechas detectadas?		
¿Considera las propuestas de sus colaboradores en materia de aprendizaje, aunque estas no estén en relación con sus puestos de trabajo?		
¿Piensa que sus colaboradores lo consideran un referente en materia de desarrollo de personas?		

La respuesta más adecuada a estas preguntas es "Sí". Si usted eligió "No", revise sus comportamientos, relea las sugerencias de esta obra y, si desea profundizar aún más sobre el tema, al pie de esta página encontrará lecturas adicionales sugeridas.

Reflexiones sobre el *check-list*

....

....

....

....

....

....

....

Bibliografía sugerida

- Alles, Martha. *Desarrollo del talento humano. Basado en competencias.* Ediciones Granica, 2017.
- Alles, Martha. *Codesarrollo. Una nueva forma de aprendizaje.* Ediciones Granica, 2009.
- Alles, Martha. *Diccionario de comportamientos. La Trilogía. Tomo 2.* Ediciones Granica, 2015.

Formularios sugeridos - Paso 2

1º

Formulario F2A

Confeccione un formulario para cada uno de los colaboradores a su cargo en relación con el puesto que ocupan ahora (o bien se prevé que ocuparán en un futuro).
Detalle las brechas detectadas en:

Conocimientos
Competencias
Experiencia

2º

Formulario F2B

Prepare un plan de acción para cada uno de los colaboradores a su cargo, a fin de que desarrollen sus capacidades, de acuerdo con las brechas detectadas. Utilice este formulario como apoyo.
Plan de acción referido a:

Conocimientos
Competencias
Experiencia

3º

Formulario F2C

Prepare un único formulario para el control de las actividades a realizar por todos los colaboradores a su cargo. Por ejemplo, con una frecuencia anual.
Plan de actividades detallado para todos los colaboradores sobre:

Conocimientos
Competencias
Experiencia

Indique fechas y responsable en cada caso.

> **Vea en las páginas finales un detalle de todos los formularios utilizados en esta obra y su relación con cada uno de los 12 pasos**

Formulario sugerido. Paso 2 - F2A

FORMULARIO F2A

Colaborador
Nombre: ____

NECESIDADES DE DESARROLLO

Capacidades que necesita mejorar (brechas detectadas)

Conocimientos	Competencias	Experiencia

Colaborador
Nombre: ____

NECESIDADES DE DESARROLLO

Capacidades que necesita mejorar (brechas detectadas)

Conocimientos	Competencias	Experiencia

Colaborador
Nombre: ____

NECESIDADES DE DESARROLLO

Capacidades que necesita mejorar (brechas detectadas)

Conocimientos	Competencias	Experiencia

Consejos y sugerencias sobre el formulario F2A

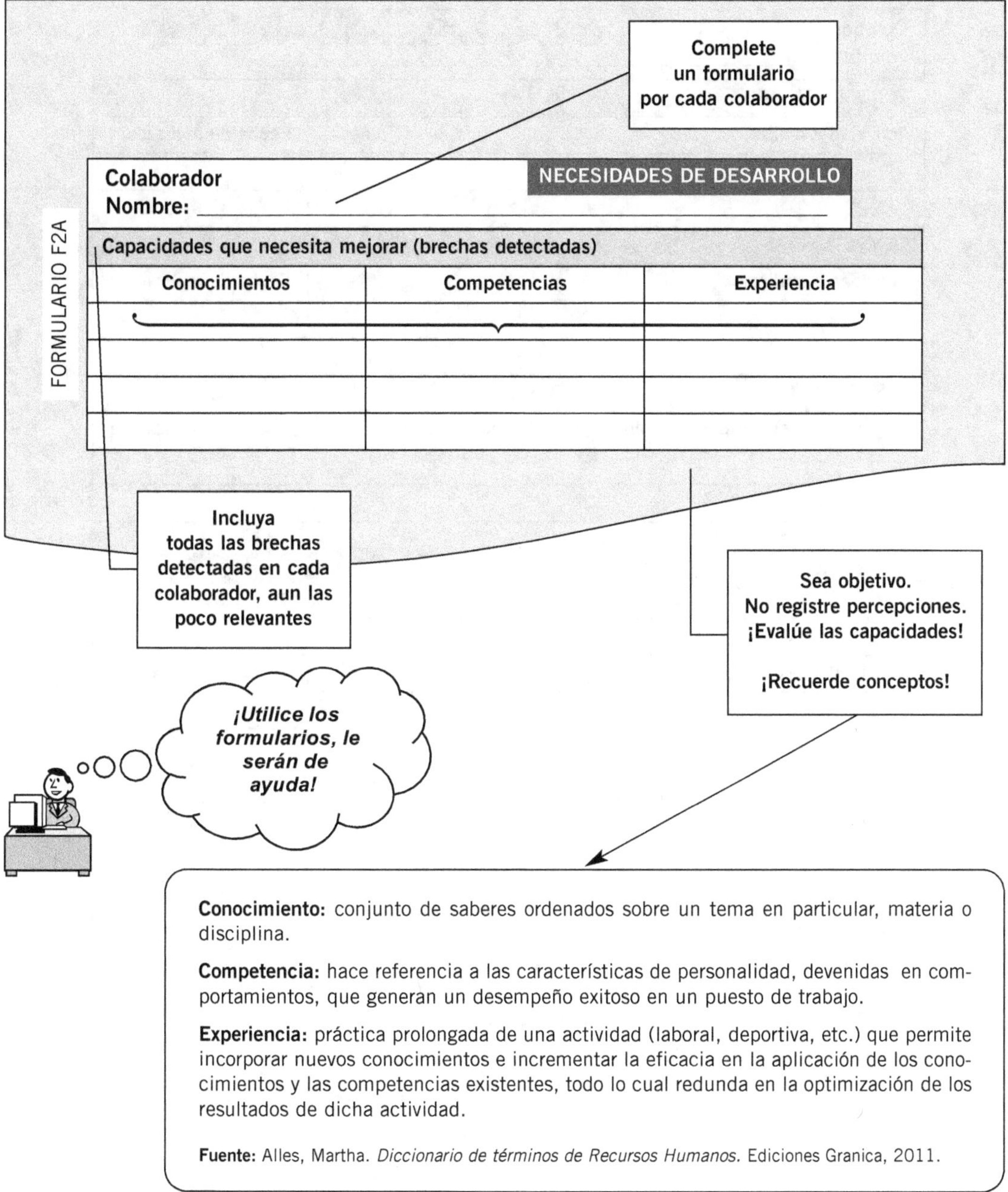

Conocimiento: conjunto de saberes ordenados sobre un tema en particular, materia o disciplina.

Competencia: hace referencia a las características de personalidad, devenidas en comportamientos, que generan un desempeño exitoso en un puesto de trabajo.

Experiencia: práctica prolongada de una actividad (laboral, deportiva, etc.) que permite incorporar nuevos conocimientos e incrementar la eficacia en la aplicación de los conocimientos y las competencias existentes, todo lo cual redunda en la optimización de los resultados de dicha actividad.

Fuente: Alles, Martha. *Diccionario de términos de Recursos Humanos.* Ediciones Granica, 2011.

Formulario sugerido. Paso 2 - F2B

FORMULARIO F2B

Colaborador
Nombre: ____

PLAN DE ACCIÓN

CONOCIMIENTOS

Actividad a realizar	Fecha de realización

COMPETENCIAS

Actividad a realizar	Fecha de realización

EXPERIENCIA

Asignación especial para adquirir experiencia necesaria	Fecha de realización

Colaborador
Nombre: ____

PLAN DE ACCIÓN

CONOCIMIENTOS

Actividad a realizar	Fecha de realización

COMPETENCIAS

Actividad a realizar	Fecha de realización

EXPERIENCIA

Asignación especial para adquirir experiencia necesaria	Fecha de realización

Consejos y sugerencias sobre el formulario F2B

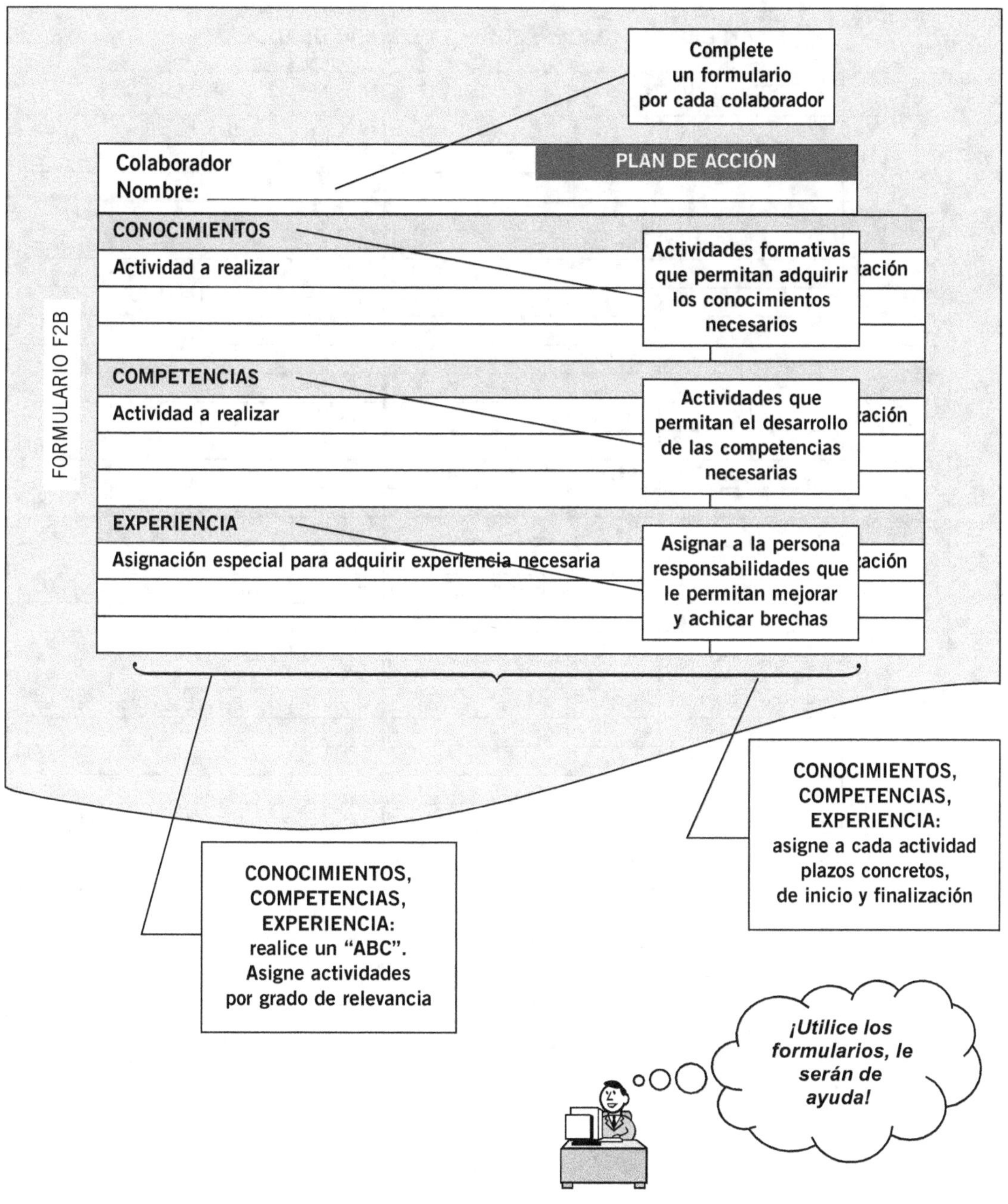

Formulario sugerido. Paso 2 - F2C

PLAN DE ACTIVIDADES: EQUIPO DE COLABORADORES

Nombre y apellido	CONOCIMIENTOS			COMPETENCIAS			EXPERIENCIA		
	Actividad	Responsable	Mes / Año	Actividad	Responsable	Mes / Año	Actividad	Responsable	Mes / Año
Colaborador 1									
Colaborador 2	Actividad	Responsable	Mes / Año	Actividad	Responsable	Mes / Año	Actividad	Responsable	Mes / Año
Colaborador 3	Actividad	Responsable	Mes / Año	Actividad	Responsable	Mes / Año	Actividad	Responsable	Mes / Año
Colaborador 4	Actividad	Responsable	Mes / Año	Actividad	Responsable	Mes / Año	Actividad	Responsable	Mes / Año
Colaborador 5	Actividad	Responsable	Mes / Año	Actividad	Responsable	Mes / Año	Actividad	Responsable	Mes / Año
Colaborador 6	Actividad	Responsable	Mes / Año	Actividad	Responsable	Mes / Año	Actividad	Responsable	Mes / Año
Colaborador 7	Actividad	Responsable	Mes / Año	Actividad	Responsable	Mes / Año	Actividad	Responsable	Mes / Año
Colaborador 8	Actividad	Responsable	Mes / Año	Actividad	Responsable	Mes / Año	Actividad	Responsable	Mes / Año

FORMULARIO F2C

Consejos y sugerencias sobre el formulario F2C

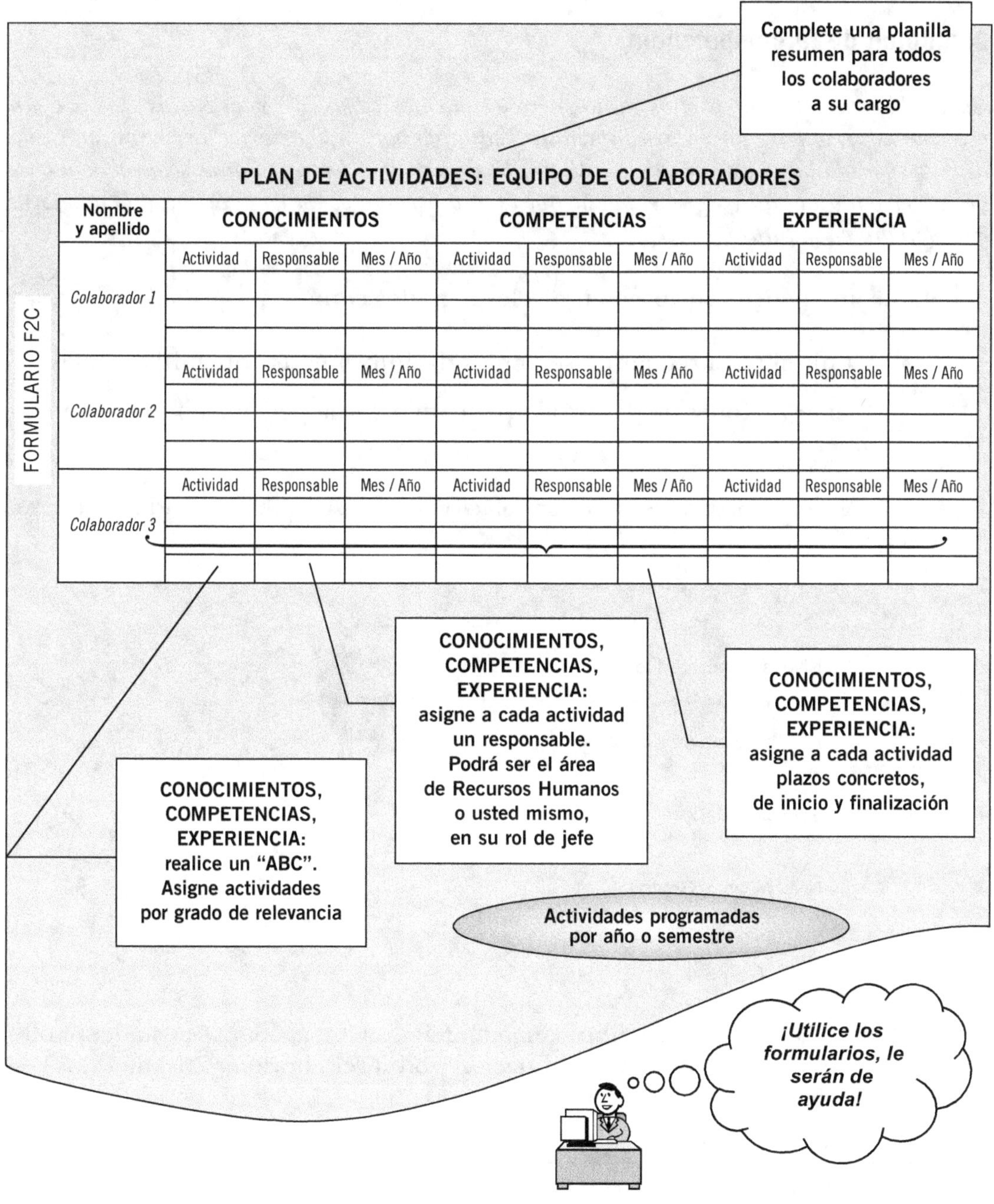

Desarrolle la competencia *Entrenador**

Definición de la competencia

Capacidad para formar a otros tanto en conocimientos como en competencias. Implica un genuino esfuerzo para fomentar el aprendizaje a largo plazo y/o desarrollo de otros, más allá de su responsabilidad específica y cotidiana. El desarrollo a lograr en otros será sobre la base del esfuerzo individual y según el puesto que la otra persona ocupe en la actualidad o se prevé que ocupará en el futuro.

Las competencias se abren en niveles o grados con dos propósitos:

Definir el nivel requerido según los distintos puestos organizacionales

Diseñar acciones de desarrollo para guiar a una persona en su crecimiento personal

Este segundo objetivo es el que se relaciona con este trabajo. La idea se expresa en el gráfico siguiente.

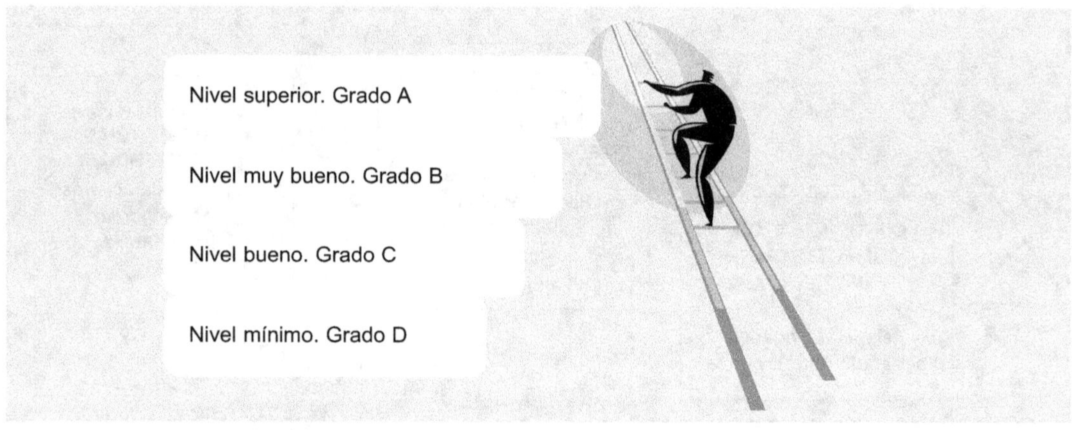

Usted encontrará en este libro cinco ejercicios para ayudarlo en su desarrollo de la competencia *Entrenador.* A continuación podrá ver el primero de ellos; los restantes serán planteados más adelante.

---

* A esta competencia también se la podría denominar *Capacidad para ser entrenador de sus colaboradores.*

Desarrolle la competencia *entrenador*

Ejercicio 1

Lea atentamente las frases, comenzando por la última, señalada con la palabra "No"

Identifique las diferencias entre los distintos grados o niveles (A, B, C, D)

Determine con cuál de estas frases asocia su comportamiento más frecuente

Analice qué puede hacer para cambiar su comportamiento y ubicarse en el nivel superior al identificado en el punto anterior

Realice este ejercicio cada dos meses

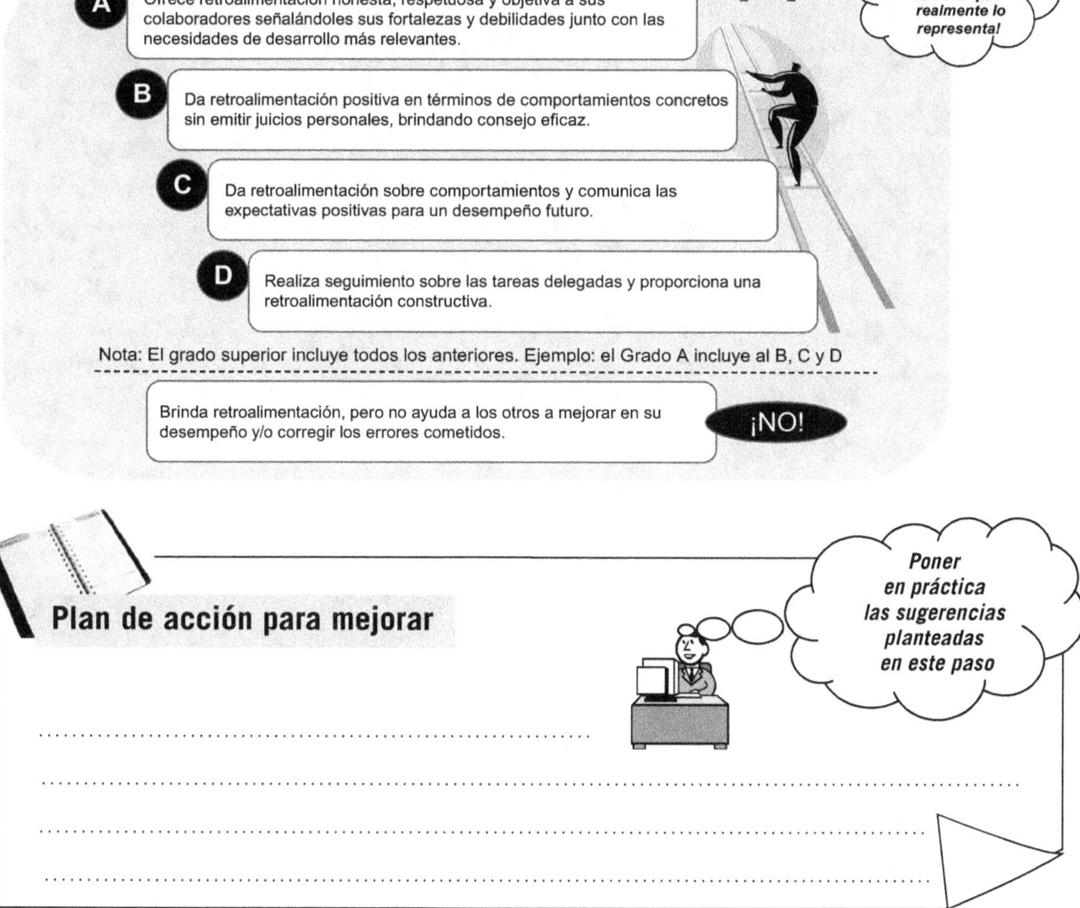

NOTAS

Paso 3: Guíe a sus colaboradores

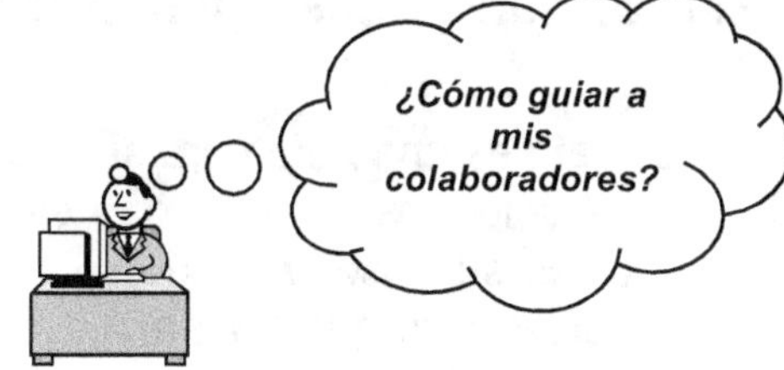

*¿Cómo podría ayudar a mis colaboradores
para que puedan identificar sus necesidades de mejora?*

La tarea del jefe entrenador se realiza en el día a día, a través de la interacción cotidiana. Cuando un jefe percibe que un colaborador no realiza una tarea de la manera más adecuada o según lo esperado, es el momento para preguntarse sobre la causa. Es una oportunidad para hablar con el colaborador y determinar qué aspectos podría mejorar. De este modo, amablemente y sin esperar a que los problemas tomen mayor envergadura, puede realizar una acción sostenida para el desarrollo del equipo a su cargo.

Le sugerimos leer detenidamente la definición de la competencia *Entrenador*, así como los comportamientos relacionados, y realizar los ejercicios para su desarrollo. Si bien, en una primera instancia, esos comportamientos parecerían referirse solo a personas que se desempeñan en un ambiente organizacional-empresario, pueden aplicarse a cualquier otro ámbito donde una persona deba entrenar o desarrollar a otros, por ejemplo, como director de un coro, como técnico en un equipo de fútbol, o como líder o coordinador en un partido político: la competencia se refiere a la actividad de desarrollar y entrenar personas, en cualquier ámbito.

Es importante destacar que se pueden poseer comportamientos de esta competencia (y de otras relacionadas con la función de conducir personas) sin haber sido antes jefe.

Una persona muy joven puede, eventualmente, evidenciar comportamientos tipo A, y no así un jefe con muchos años de experiencia como tal. No hay que partir de preconceptos, hay que observar los comportamientos de cada persona para poder determinar el grado en que una competencia se presenta en ella.

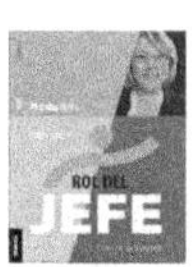

Párrafos extraídos de la obra *Rol del jefe*, Capítulo 7.

Paso 3: Guíe a sus colaboradores

Un jefe es una guía para sus colaboradores. Muchas veces –aun sin proponérselo– los jefes no dan espacio a sus colaboradores para crecer. Si este es su caso, reflexione: es bueno para los colaboradores sentirse seguros en lo que hacen.

Usted puede ser un jefe entrenador sin por ello dedicar a esta acción muchas horas o mucho esfuerzo. Por el contrario, se trata de pequeñas acciones y comportamientos que usted debe realizar *mientras lleva a cabo sus tareas habituales*.

Por ejemplo:

- *Desarrolla el talento y potencial de los colaboradores al brindar retroalimentación oportuna y profunda sobre su desempeño*

Usted puede, en su relación cotidiana con cada colaborador, decirle cómo está haciendo las cosas, qué puede mejorar y qué está haciendo bien y, de ese modo, desarrollar el talento y el potencial de todos ellos.

Recuerde

Cada día usted puede hacer pequeñas acciones tendientes a alcanzar la mejora continua, tanto propia como del equipo a su cargo.

NOTAS

Paso 3: Guíe a sus colaboradores

Para que los colaboradores se sientan seguros en sus puestos de trabajo el primer objetivo debe ser que ellos sepan hacer las tareas de las cuales son responsables. Esto implica que tengan los conocimientos y competencias necesarios.

Usted debe trabajar de manera continua para lograr la adecuación persona-puesto de cada uno de sus colaboradores.

Alcanzarla es bueno para el colaborador, para la organización, para usted como jefe y, además, para sus compañeros de trabajo y otras personas de la organización con las cuales deba interactuar.

Recuerde conceptos

Adecuación persona-puesto: relación que se establece entre los conocimientos, la experiencia y las competencias que un puesto requiere con los del ocupante del puesto.

Para la determinación de la *adecuación persona-puesto* deberán primero establecerse los requisitos del puesto y luego habrá que evaluar a su ocupante, considerando como mínimo tres elementos: conocimientos, experiencia, competencias.

Fuente: Alles, Martha. *Diccionario de términos de Recursos Humanos.* Ediciones Granica, 2011.

NOTAS

....

....

....

....

....

....

Paso 3: Guíe a sus colaboradores

Una vez que usted se ha asegurado de que sus colaboradores poseen las capacidades necesarias (conocimientos y competencias) deberá comprobar que han recibido las instrucciones apropiadas para hacer bien sus tareas.

Un jefe debe asegurarse de que sus colaboradores han comprendido las tareas y responsabilidades a su cargo y, además, de que poseen los elementos necesarios para llevarlas a cabo, desde herramientas de trabajo (software, equipos y cualquier otro insumo requerido) hasta el ambiente en sí mismo, el lugar de trabajo y la relación con los compañeros.

Recuerde

El colaborador es responsable por las tareas asignadas y usted, por ser su jefe, responde por toda su actuación.

Del mismo modo sucede en relación con usted mismo y su propio jefe. Usted es responsable por las tareas y responsabilidades asignadas y su jefe responde por usted. Es una cascada que se inicia en el número 1 de la organización y llega a todos los demás niveles.

NOTAS

....

....

....

....

....

....

Paso 3: Guíe a sus colaboradores

Si sus colaboradores no tienen las capacidades necesarias, usted deberá determinar si esas brechas pueden subsanarse en un tiempo y con un esfuerzo razonables por parte de todos (jefe y colaboradores).

Analice con la mayor objetividad posible las brechas de sus colaboradores y la motivación de estos frente a esta situación.

En relación con la predisposición de sus colaboradores para el aprendizaje y el desarrollo, tenga en cuenta los comportamientos concretos que ellos evidencian, no solo lo que expresan con palabras. Muchas personas dicen que harán algo –en este caso, esforzarse para aprender un conocimiento o desarrollar una competencia–, pero luego no llevan a cabo acción alguna.

Recuerde

El aprendizaje es de a dos; si sus colaboradores no aceptan las brechas y si, además, no están motivados para alcanzar un nivel superior, difícilmente se logre el desarrollo en cualquiera de los planos: conocimientos, experiencia y competencias.

NOTAS

....

....

....

....

....

....

Paso 3: Guíe a sus colaboradores

Demuestre con su comportamiento que usted tiene confianza en sus colaboradores, que espera que ellos hagan las cosas bien porque tienen todo lo necesario para lograrlo, incluso su apoyo.

En páginas anteriores le hemos brindado ejemplos de comportamientos a tener en cuenta. Veamos otro que sería ideal que usted alcanzara:

- *Adapta su estilo de conducción a las características individuales y grupales de las personas a su cargo; identifica y reconoce aquello que los motiva, estimula e inspira*

Como se expresa en páginas anteriores, se trata de hacer "algo" cada día, y para ello deberá tener en cuenta las características de cada uno de sus colaboradores, así como sus proyectos personales y motivaciones individuales. De este modo logrará ayudarlos generando confianza en su rol de jefe.

Recuerde

La confianza y la buena relación entre el jefe y el colaborador se conquistan todos los días, mediante pequeñas acciones cotidianas junto con las cuestiones de fondo y relevantes. No es cierto que usted solo debe estar allí cuando hay un problema: también debe tener participación en los pequeños detalles de todos los días.

NOTAS

Paso 3: Guíe a sus colaboradores

AUTOEVALUACIÓN

¿Cuál es su reacción cuando uno de sus colaboradores tiene dudas, se equivoca o manifiesta no saber cómo hacer una determinada tarea? ¿Lo alienta con una frase del tipo "¡vamos que usted puede!" o le explica de manera detallada y precisa cómo debe realizar la tarea, el porqué de cada paso –con un propósito de aprendizaje– y, luego, lo alienta a realizar la tarea en cuestión brindándole apoyo?

Reflexión

....

....

....

....

....

Plan de acción para mejorar

....

....

....

....

....

....

....

Paso 3: Guíe a sus colaboradores

Check-list sobre cómo guía a sus colaboradores

¿*Cómo guía a sus colaboradores en las tareas de cada uno?*	Sí	No
¿Permite crecer a sus colaboradores y los incentiva al respecto con acciones concretas, no solo con palabras?		
¿Ha medido la adecuación persona-puesto de sus colaboradores? Es el primer paso para el desarrollo de sus capacidades.		
¿Se asegura de manera constante que sus colaboradores tengan en claro sus tareas y responsabilidades? ¿Ofrece su apoyo?		
Si sus colaboradores poseen brechas entre lo requerido y sus propias capacidades, ¿trabaja con ellos para que las reduzcan?		
¿Sus colaboradores se sienten seguros al trabajar bajo su conducción?		
¿Se asegura de manera constante que sus colaboradores poseen todo lo necesario para realizar bien sus tareas?		

La respuesta más adecuada a estas preguntas es "Sí". Si usted eligió "No", revise sus comportamientos, relea las sugerencias de esta obra y, si desea profundizar aún más sobre el tema, al pie de esta página encontrará lecturas adicionales sugeridas.

Reflexiones sobre el *check-list*

Bibliografía sugerida

- Alles, Martha. *Desempeño por competencias. Estrategia. Desarrollo de personas. Evaluación de 360°.* Ediciones Granica, 2017.
- Alles, Martha. *Diccionario de comportamientos. La Trilogía. Tomo 2.* Ediciones Granica, 2015.
- Kouzes, James M. y Posner, Barry. *Brindar aliento.* Ediciones Granica, 2007.

Paso 4: Sea un ejemplo para sus colaboradores

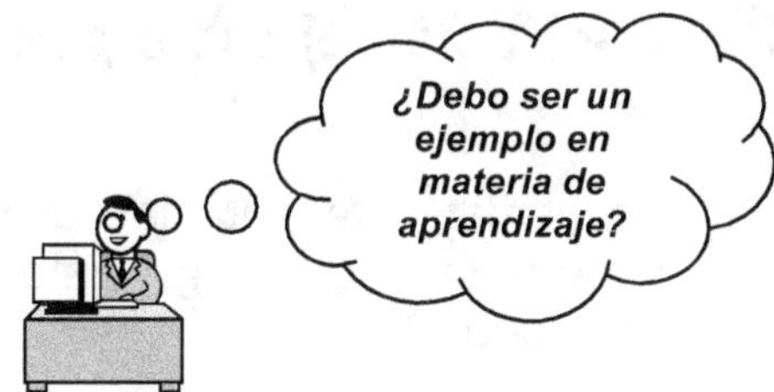

En el Paso 1 se mencionó que sus colaboradores tendrán, en relación con el aprendizaje, una actitud similar a la suya, en especial si esta no es positiva.

Por lo tanto, el primer paso para transformarse en un jefe entrenador será demostrar el comportamiento adecuado a sus colaboradores: ser proactivo en relación con el aprendizaje. Esto no implica solo *reconocer que usted no sabe acerca de tal o cual tema,* sino demostrar curiosidad y deseos de aprender de manera permanente.

Para que esto sea productivo, debe manifestarse un interés genuino por el aprendizaje de temas relacionados con las funciones del área a su cargo.

Ejemplo positivo sobre conocimientos

Si usted es el jefe del área de Tecnología e Informática, demostrar interés y curiosidad por temas relacionados, nuevos hardwares, nuevos softwares, etcétera. Dentro de sus posibilidades, fomentar la lectura de revistas y periódicos especializados, distribuir artículos relacionados, etcétera

Ejemplo positivo sobre competencias

Si usted es un jefe (de cualquier especialidad) y considera provechoso mejorar la competencia *Comunicación,* proponer a su equipo de trabajo la realización conjunta de una actividad, en la hora del almuerzo y en el comedor de la organización, donde a modo de "concurso" se lleve a cabo el intercambio con otras áreas de la organización (podría ser un concurso de canto, de preguntas y respuestas, etcétera)

Ejemplo no positivo sobre conocimientos (no necesariamente negativo, pero que no contribuye al objetivo de este paso)

Si usted es el jefe del área de Tecnología e Informática, enfocar sus intereses de aprendizaje en la música, la carpintería o el diseño de modas. Si bien demostrar interés por el aprendizaje es siempre bueno, en este ejemplo los temas no conformarían el foco del aprendizaje necesario para que tanto usted como sus colaboradores realicen mejor sus tareas (actuales o futuras, según corresponda)

Paso 4: Sea un ejemplo para sus colaboradores

Recuerde: usted puede decir muchas cosas, pero lo que realmente importa es lo que haga. Esto será lo que verán las otras personas: sus comportamientos.

Usted puede decir muchas cosas, manifestar que hará esto o aquello. Sin embargo, las otras personas verán sus comportamientos y este lenguaje, el de los hechos, es mucho más relevante que las palabras.

Por otro lado, aun de manera involuntaria, los colaboradores prestan atención a los comportamientos de sus superiores, tanto de su jefe directo como de los otros jefes y directivos de la organización

Recuerde

Usted es un ser humano y como tal puede equivocarse, nadie es perfecto. No obstante, recuerde lo aquí manifestado. Sus colaboradores detectarán cualquier incongruencia entre lo que dice y lo que hace. ¡Preste atención! ¡Sea cuidadoso! No manifieste que hará algo si no está seguro de poder cumplir con su palabra.

NOTAS

Paso 4: Sea un ejemplo para sus colaboradores

Sus colaboradores estarán atentos a sus palabras y, a continuación, esperarán la confirmación de estas a través de sus comportamientos.

Continuando con lo expresado en la página anterior, tenga en cuenta algunos pequeños consejos:

Sea cuidadoso con sus expresiones

No hable de otras personas

No diga que va a hacer algo si no está seguro de poder llevarlo a cabo

No dé a sus colaboradores falsas esperanzas sobre su carrera, la asistencia a cursos de capacitación, posibles aumentos salariales ni ningún otro beneficio que luego, por alguna razón, pueda no concretarse. Si eso sucede no alcanzará con que usted diga *yo lo propuse, a mí no me cumplieron,* ni otras frases similares

Si en su sector se debe hacer algún esfuerzo especial para alcanzar un objetivo, comience por dar el ejemplo

Recuerde

Trabaje permanentemente para tener un discurso congruente con los hechos.

NOTAS

Paso 4: Sea un ejemplo para sus colaboradores

Aun bajo circunstancias adversas, usted debe tener en cuenta que sus colaboradores lo están viendo; que –sin proponérselo– analizarán lo que usted haga o diga en cada oportunidad.

En muchas ocasiones deberá enfrentarse a situaciones difíciles, usted mismo se sentirá desanimado, y otras circunstancias similares. No obstante, deberá seguir actuando en su rol de jefe.

Recuerde

Usted no tiene que ser un héroe. Quizás no esté contento con su salario, o con su propio jefe. También tiene problemas personales (como todas las personas). Sin embargo, es jefe. Esto significa que sus colaboradores esperan mucho de usted, y estará siempre "en la mira".

No debe actuar como un "Superman" o una "Mujer Maravilla" pero, al mismo tiempo, no puede actuar como "uno más" del equipo.

Deberá moverse en un justo equilibrio para ser usted mismo y ser jefe al mismo tiempo. No debe olvidar que tanto la organización como sus colaboradores esperan de usted que asuma este rol (de jefe).

Fuente: *Rol del jefe,* Capítulo 8.

NOTAS

Paso 4: Sea un ejemplo para sus colaboradores

Recuerde: usted no es uno más, es el jefe. Por lo tanto, puede ser sincero, reconocer que una determinada circunstancia lo ha afectado, etc., pero siempre conservando su lugar.

Continuando con lo expresado en la página anterior, usted puede ser sincero con sus colaboradores, por ejemplo, comentar si tiene un problema personal, si enfrenta un problema con su propio jefe o cualquier otra circunstancia, pero siempre en un justo equilibrio. Puede comentar un problema sin entrar en el plano de las confidencias personales o dar detalles de su vida privada.

Las otras personas perciben a través de pequeños detalles mucho más de lo que uno cree. Por lo cual es importante reconocer cualquier circunstancia desfavorable. Sus colaboradores apreciarán su confianza y evitará los rumores y comentarios a sus espaldas.

Recuerde

Usted sigue siendo el jefe, no debe ponerse a la altura de sus colaboradores como si fuese un compañero más.

NOTAS

Paso 4: Sea un ejemplo para sus colaboradores

Reflexione: sus acciones repercuten de un modo u otro en el desempeño de sus colaboradores. ¡Usted debe lograr que ellos lo vean como un ejemplo a seguir!

En páginas anteriores le dijimos que no se espera de usted que sea un héroe ni "Superman" o la "Mujer Maravilla". No obstante, sí se espera que sea un ejemplo a seguir.

Si está malhumorado, se queja de sus tareas o simplemente demuestra a través de sus comportamientos que no está a gusto, este tipo de comportamientos se reflejarán, como si de un espejo se tratara, en sus colaboradores.

Por lo tanto, si bien el cambio de los comportamientos es un tema difícil, téngalo en cuenta: sus colaboradores verán todos sus comportamientos, lo que usted hace y cómo lo hace.

Recuerde

Si usted está fuertemente disconforme con sus tareas y responsabilidades, realice un exhaustivo examen de conciencia. No solo por usted mismo sino porque, además y aun de manera involuntaria, está transmitiendo esta forma de pensar y sentir a su equipo de colaboradores.

NOTAS

Paso 4: Sea un ejemplo para sus colaboradores

AUTOEVALUACIÓN

¿Cómo cree usted que lo ven sus colaboradores? ¿Lo consideran un ejemplo a seguir o, por el contrario, representa lo que ellos no quieren ser, por diversas razones: desde que su desempeño les resulta inalcanzable o simplemente porque no les agradan las cosas que usted lleva a cabo?

Reflexión

....

....

....

....

....

....

....

Plan de acción para mejorar

....

....

....

....

....

....

Paso 4: Sea un ejemplo para sus colaboradores

Check-list sobre ser un ejemplo para sus colaboradores

¿Usted se considera un ejemplo a seguir?	Sí	No
¿Cómo se siente en relación con su propio puesto de trabajo? ¿Está conforme, a gusto?		
¿Tiene presente que, si bien usted no es una persona perfecta, sus colaboradores lo ven como un ejemplo a seguir?		
Cuando tiene un problema o se siente mal por alguna razón, ¿lo comparte con sus colaboradores?		
¿Toma recaudos cuando mantiene una conversación de tipo personal, para no ser escuchado por otras personas?		
Cuando debe hablar un tema difícil con un colaborador, ¿procura hacerlo en privado y con las palabras adecuadas a cada caso?		
¿Usted piensa que es un ejemplo positivo para sus colaboradores?		

La respuesta más adecuada a estas preguntas es "Sí". Si usted eligió "No", revise sus comportamientos, relea las sugerencias de esta obra y, si desea profundizar aún más sobre el tema, al pie de esta página encontrará lecturas adicionales sugeridas.

Reflexiones sobre el *check-list*

....

....

....

....

....

....

Bibliografía sugerida

• Alles, Martha. *Diccionario de comportamientos. La Trilogía. Tomo 2.* Ediciones Granica, 2015.

• Chandezon, Gérard. *Dirija su equipo.* Ediciones Granica, 1999.

• Forsyth, Patrick. *30 minutos para motivar al personal.* Ediciones Granica, 2001.

Desarrolle la competencia *Entrenador*

Ejercicio 2

Lea atentamente las frases comenzando por la última, señalada con la palabra "No"

Identifique las diferencias entre los distintos grados o niveles (A, B, C, D)

Determine con cuál de las frases asocia su comportamiento más frecuente

Analice qué puede hacer para cambiar su comportamiento y ubicarse en el nivel superior al identificado en el punto anterior

Realice este ejercicio cada dos meses

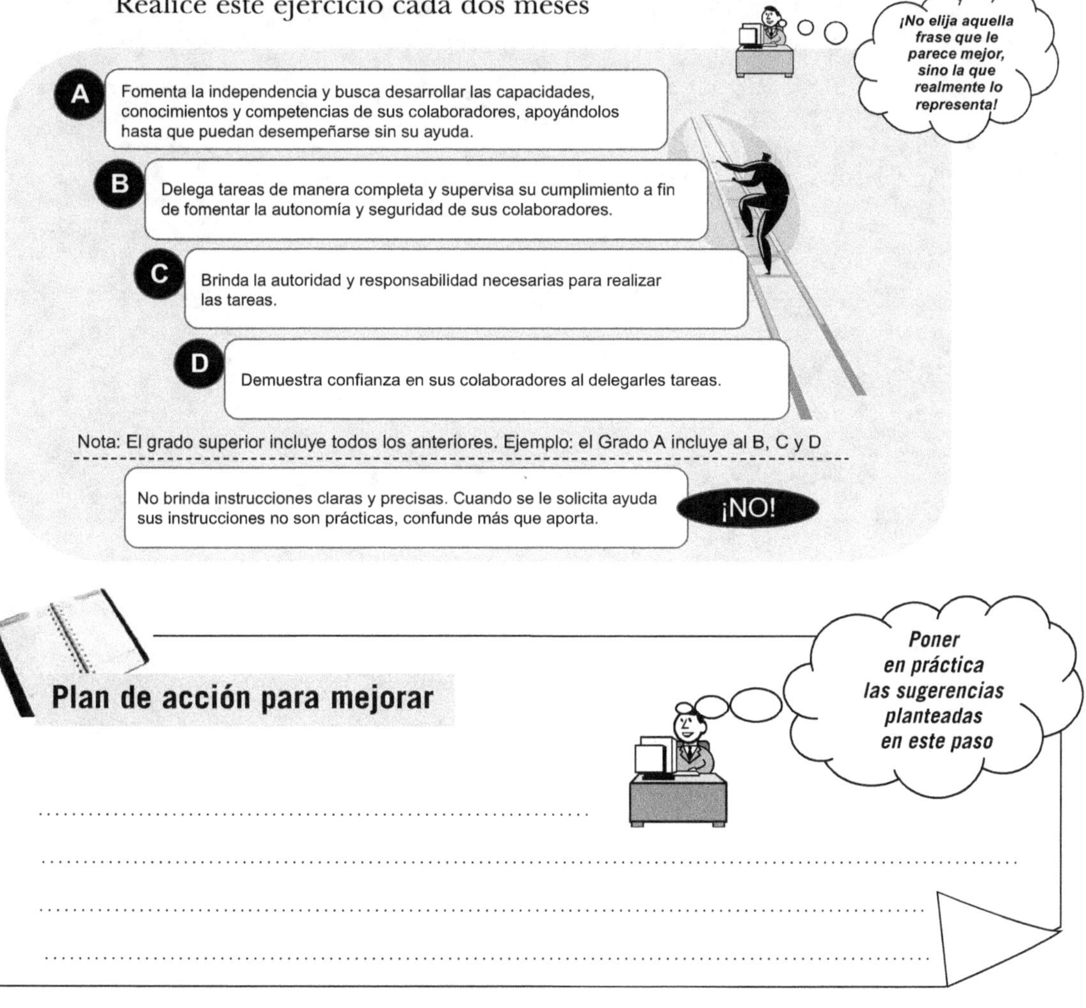

**NOTAS

Paso 5: Construya el compromiso con la acción

Jefe entrenador es aquel que asume un rol de guía y apoyo de sus colaboradores, y los ayuda en su crecimiento. Este rol no implica, necesariamente, disponer de un tiempo específico para ello. El entrenamiento a los colaboradores es una tarea diaria, que se realiza en cualquier momento: un comentario para señalar lo que está bien, aquello que se debe mejorar, aquello que no debe hacerse de ese modo. Esa actitud permanente de apoyo y guía es la que enriquece el trabajo del colaborador y permite una mejor consecución de los objetivos de ambos, del jefe y del empleado. Como cualquier lector que sea jefe sabe, esto puede no ser suficiente para un adecuado entrenamiento, por lo que deberán existir instancias especiales dedicadas a la formación de colaboradores. Ahora bien, siendo esta última afirmación correcta, el concepto de jefe entrenador implica la tarea cotidiana que se realiza para desarrollar al equipo; si esta tarea no existe, no podemos decir que un jefe es un entrenador de sus colaboradores.

<table>
<tr>
<td>

PREGUNTA

</td>
<td>

RESPUESTA

Si bien es cierto que se aprende con la experiencia, no es necesario haber sido jefe para poseer esta capacidad (ser entrenador).

Pueden verse numerosos ejemplos de esto en las organizaciones, cuando un colaborador, que no es el jefe, enseña a otro a hacer una tarea.

</td>
</tr>
</table>

Fuente: *Rol del jefe*, Capítulo 7.

Paso 5: Construya el compromiso con la acción

Cuando debe hacerse algo nuevo en el sector a su cargo, quizás complejo o un cambio no deseado por cualquier motivo, pero que de todos modos debe llevarse a cabo, ¡usted debe dar el ejemplo!

La acción se demuestra con acción, por lo tanto no alcanza con que usted diga algo o incite a los otros a actuar: debe comenzar por usted mismo. Este tipo de comportamientos puede relacionarse con un tema de relevancia o con algo pequeño e intrascendente, en una primera instancia. Todo es importante y hace a la relación entre dos personas, en este caso, la relación jefe-colaborador.

Recuerde

Lo dijimos en páginas anteriores: ¡sea un modelo a imitar! Cuando hay que tomar una medida que usted piensa que no será popular, como podría ser restringir gastos, usted debe comenzar por dar el ejemplo.

Si bien le hemos dicho que el jefe siempre es el jefe, esta expresión no implica que las políticas organizacionales deben aplicarse a su favor; por el contrario, usted debe ser más estricto aún. De ese modo, ¡podrá dar ejemplo!

NOTAS

Paso 5: Construya el compromiso con la acción

Reflexione: no puede pedir a sus colaboradores que realicen una determinada tarea o acción que usted no desea hacer y/o no hace.

Continuando con lo expuesto en la página anterior, brindaremos algunos consejos:

Si hay que hacer esfuerzos extras, como, por ejemplo, trabajar un día feriado, y aun cuando usted no deba estar presente, apoye a sus colaboradores. Si está dentro de sus posibilidades, pase por las oficinas aunque sea un rato, etcétera

Manténgase informado sobre las políticas organizacionales y aplíquelas a su propia conducta para luego hacer que sus colaboradores también las pongan en práctica

Si la organización y/o el mercado están pasando por un momento de crisis o difícil, no se tome "todos los beneficios a su favor" relacionados con su estatus o nivel. Sea austero

Recuerde

Aun sin que usted se lo proponga, sus colaboradores verán en usted un ejemplo a seguir, también en materia de compromiso organizacional.

NOTAS

....

....

....

....

....

....

Paso 5: Construya el compromiso con la acción

Colabore con otros si espera que sus colaboradores lo hagan entre sí o con otras áreas o sectores de la organización. ¡Sea un ejemplo en materia de colaboración!

Su área o sector, con seguridad, tiene relación con otros sectores de su organización así como trato con personas externas a la misma: clientes, proveedores, entes gubernamentales, entre otros y según corresponda.

Muchas veces las relaciones son difíciles y complejas. En ningún caso manifieste desagrado o molestia al respecto. Comparta sus sentimientos, cuando sea pertinente, pero siempre con equilibrio.

Recuerde

La colaboración también se evidencia a través de comportamientos. Si usted desea que su sector colabore con otras áreas o sectores y otras personas, debe comenzar por hacerlo usted mismo.

NOTAS

....

....

....

....

....

....

Paso 5: Construya el compromiso con la acción

No formule comentarios negativos sobre políticas organizacionales, sobre otras personas, clientes, proveedores, otros sectores o áreas de la organización.

Si bien le hemos dicho hasta aquí que sus colaboradores tomarán más en cuenta sus comportamientos que las palabras que haya expresado en alguna determinada circunstancia, estas siempre deberán ser medidas y mantener un justo equilibrio.

Usted vivirá diferentes momentos, mejores y peores, en su quehacer cotidiano. La recomendación de este paso no es que se cohíba en su accionar, sino que esté atento a sus palabras para no incurrir en comentarios inoportunos de los cuales, seguramente, se arrepentirá en algún momento.

Recuerde

Los consejos dados hasta aquí, al igual que los restantes, son de mero sentido común; sin embargo, a veces los jefes no actúan de este modo.

Este es su reto, ser usted mismo, con sus opiniones y sentimientos, cumpliendo además un adecuado rol de jefe.

NOTAS

....

....

....

....

....

....

Paso 5: Construya el compromiso con la acción

Si a usted le reportan colaboradores que a su vez son jefes, aliéntelos a obrar del mismo modo: ser un ejemplo a través de la acción.

Hasta ahora le hemos dado consejos sobre su rol como jefe. Quizás usted tenga colaboradores que, a su vez, son jefes. En este caso, deberá transmitir esta información a cada uno de ellos. Desde ya que sería una buena idea que cada uno cuente con los *libros-cuaderno* de la serie *Liderazgo* que presentan 12 pasos para ser *un buen jefe* y *delegar efectivamente,* y con este, que los ayudará a *transformarse en un jefe entrenador.*

Recuerde

Le hemos dicho hasta aquí que usted, de manera consciente o no, será considerado como un ejemplo a seguir por sus colaboradores también en este aspecto: su rol de jefe en relación con el entrenamiento de su equipo.

Si tiene a su cargo jefes, bríndeles apoyo y consejo y, además, aliéntelos a que le consulten sus dudas. Mediante la acción construya compromiso con sus colaboradores y, cuando estos son a su vez jefes, con los colaboradores de ellos.

NOTAS

Paso 5: Construya el compromiso con la acción

AUTOEVALUACIÓN

¿Cómo es su comportamiento cotidiano? Cuando surge algún problema o situación imprevista, ¿sale al frente para hacerse cargo o espera un tiempo para ver si se resuelve o encamina de algún otro modo? ¿Es colaborador con las personas que tiene a su cargo y con otras de la organización?

Reflexión

....

....

....

....

....

....

....

Plan de acción para mejorar

....

....

....

....

....

....

....

Paso 5: Construya el compromiso con la acción

Check-list sobre construir compromiso con la acción

¿Cómo es la relación con sus colaboradores?	Sí	No
Cuando hay que hacer nuevas tareas, poner en práctica nuevas políticas, ¿usted va a la vanguardia, es decir, lo hace primero?		
¿Es cuidadoso cuando habla, frente a terceros, por teléfono, etcétera?		
¿Se considera un ejemplo en materia de colaboración, ya sea con otras personas o con distintos sectores de su organización?		
¿Es un ejemplo, para sus colaboradores y otras personas, por su compromiso con la visión y las políticas de la organización?		
¿Alienta a sus colaboradores a cumplir con las políticas organizacionales?		
Si usted tiene colaboradores que a su vez son jefes, ¿los apoya y está disponible para ayudarlos –cuando es necesario– en su rol de jefes?		

La respuesta más adecuada a estas preguntas es "Sí". Si usted eligió "No", revise sus comportamientos, relea las sugerencias de esta obra y, si desea profundizar aún más sobre el tema, al pie de esta página encontrará lecturas adicionales sugeridas.

Reflexiones sobre el *check-list*

Bibliografía sugerida

- Alles, Martha. *12 pasos para ser un buen jefe*. Ediciones Granica, 2008.
- Alles, Martha. *Construyendo talento*. Ediciones Granica, 2016.
- Alles, Martha. *Diccionario de comportamientos. La Trilogía. Tomo 2*. Ediciones Granica, 2015.

Paso 6: Brinde aliento

Un jefe no solo distribuye tareas; debe hacer "algo más" para lograr que cada persona a su cargo realice su trabajo de manera exitosa y alcance los resultados deseados. Ese "algo más" implica: entrenar a las personas, guiarlas para que no solo realicen la tarea asignada sino que lo hagan con un nivel superior de calidad y desempeño.

Un jefe, bueno o malo, puede ser solo *una anécdota* en la vida de una persona. Si el lector tiene un jefe que no se comporta como se aconseja en esta obra, analizar su comportamiento puede ser una oportunidad para hacer *todo lo contrario* cuando deba desempeñarse como jefe.

El ser o no un jefe entrenador tiene relación con las características de cada uno y con el perfil que como jefe desee alcanzar. Por lo tanto, es un reto personal.

Seguir los 12 pasos de esta obra lo ayudará a mejorar su capacidad de entrenador.

PREGUNTA	RESPUESTA
 	*El entrenamiento de colaboradores es una tarea cotidiana, que se realiza cuando hace falta, en cualquier momento en que resulte necesario. Un jefe debe estar atento a las posibles dificultades de sus colaboradores. Ese será el momento de dar soporte y guía.*

Fuente: *Rol del jefe,* Capítulo 7.

El jefe, la evaluación de desempeño y el rol de entrenador

Muchas personas, tanto jefes como empleados, piensan que las evaluaciones de desempeño se relacionan solo con aspectos económicos de cada función, tales como la liquidación de una remuneración variable, usualmente bajo el formato de bonus o bono. Esto es parcialmente cierto, ya que por un lado las evaluaciones de desempeño son instrumentos que se utilizan para este tipo de cálculos. Sin embargo, la evaluación de desempeño cubre una serie de propósitos adicionales, uno de los cuales es ayudar al rol de entrenador de los jefes.

Fuente: *Rol del jefe,* Capítulo 3.

En relación con los últimos enfoques en materia de evaluación del desempeño, cabe destacar que en la actualidad se considera que esa evaluación es un derecho no sólo del empleador, sino también –y con mucha fuerza– del empleado. Las personas necesitan y desean saber cómo están haciendo las cosas.

Fuente: *Rol del jefe,* Capítulo 3.

Paso 6: Brinde aliento

Brindar aliento es un arte: debe hacerse en su justa medida y en el momento oportuno. No exagere ni los elogios frente a un acierto ni las indicaciones correctivas frente a un error.

Para brindar aliento el primer paso será determinar cómo es el desempeño de un colaborador. Para ello le sugerimos comenzar por llevar un registro al respecto. Usted podrá hacerlo de la manera que le resulte más adecuada, lo importante es que tome nota de algún modo.

En las páginas siguientes encontrará formularios que le serán de ayuda. Como guía hemos utilizado una figura universalmente conocida: el semáforo. ¡Comience completando el F6A! Tenga en cuenta que un colaborador puede tener, al mismo tiempo, distintos tipos de desempeño según sus diversas tareas/responsabilidades.

Recuerde

Registre hechos reales utilizando la siguiente calificación:

ROJO: implica que el desempeño del colaborador, con relación a esa tarea, debe mejorar sensiblemente. Por lo tanto, debe ponerse en práctica algún plan de acción.

AMARILLO: el desempeño del colaborador, con relación a esa tarea, debe mejorar.

VERDE: el desempeño del colaborador, con relación a esa tarea, está de acuerdo con lo esperado o superior.

NOTAS

Paso 6: Brinde aliento

Todos los colaboradores, en algún momento, serán merecedores de una palabra de estímulo de su parte. ¡Bríndela!

Una vez que usted tenga en claro cómo es el desempeño de su colaborador, analice cómo es su comportamiento al respecto. Posibles comportamientos de un jefe:

Solo señala los errores

No señala los errores porque piensa que su colaborador puede tomarlo a mal

Señala aciertos y errores

Recuerde

Los dos primeros son inadecuados.

Si bien es importante señalar los errores porque estos son una fuente de aprendizaje, usted también debe comentar sobre los aciertos, dado que estos también son una fuente de aprendizaje.

Aunque usted tenga en su equipo un colaborador con un desempeño bajo, siempre encontrará algún aspecto positivo para destacar en él.

NOTAS

....

....

....

....

....

....

Paso 6: Brinde aliento

Si no encuentra alguna razón o motivo para dar una palabra de aliento a un colaborador, pregúntese si esa persona debería estar realizando la tarea asignada o cuál es la razón para no ser merecedor, de tanto en tanto, del estímulo que usted pueda brindarle.

Cuando un colaborador no alcanza un desempeño adecuado, las causas pueden ser diversas. Comience por analizar si está en el puesto adecuado.

Como complemento de este tema le sugiero ver, en páginas siguientes, el *Paso 12. Desarrolle a su equipo a través de la delegación.*

Le recomiendo, además, la lectura de *Cómo delegar efectivamente en 12 pasos*. Allí se detalla paso a paso cómo analizar las capacidades de sus colaboradores antes de delegarle nuevas tareas y responsabilidades.

Recuerde

El aliento a los colaboradores es como el combustible para un vehículo. Si bien nunca es bueno exagerar, su colaborador necesita que usted le diga cómo está haciendo las cosas; y si un colaborador –o varios– "siempre" hace/n las cosas de manera inadecuada, pregúntese acerca de la pertinencia de haberle/s asignado esas funciones.

NOTAS

Paso 6: Brinde aliento

Reflexione acerca de sus comportamientos al brindar aliento a sus colaboradores. ¿Cómo lo hace? Respete el equilibrio.

Como ya se dijo, nunca es bueno ni excederse en comentarios positivos ni ser muy severo en los negativos. Cuando los errores así lo ameriten, debe preparar planes de acción. Tenga en cuenta que un colaborador puede tener, al mismo tiempo, distintos tipos de desempeño según las diversas tareas/responsabilidades. Utilice el formulario F6B.

Recuerde

Si algo sale bien, usted puede pensar: "es la obligación del colaborador hacer las cosas bien", y eso es cierto; sin embargo, usted debe hacer explícito el reconocimiento por las tareas bien realizadas y los logros alcanzados.

Si un colaborador hace algo de manera inadecuada o, en algún extremo, con errores muy evidentes, usted deberá señalarlo pero sin hacer comentarios despectivos de tipo personal; simplemente debe señalar el error y dar indicaciones sobre cómo hacerlo mejor la próxima vez y, además, definir un plan de acción.

Si está muy enojado, aunque lo asista la razón, no hable en ese momento. Realice sus comentarios cuando se encuentre más tranquilo. ¡Guarde el equilibrio!

NOTAS

Paso 6: Brinde aliento

Si usted considera que brinda aliento adecuadamente, reflexione sobre cómo lo perciben los demás, en especial sus colaboradores. Póngase en el lugar del que recibe la retroalimentación: ¿cómo se sentiría usted en esa posición?

Por último y para cerrar este paso, analice cuál es la percepción de sus comentarios, tanto positivos como negativos, en sus colaboradores, individualmente. Cada colaborador es diferente, así como sus reacciones y percepciones.

Sea objetivo al confeccionar los formularios sugeridos (F6A y F6B). Si sus colaboradores perciben su objetividad y seriedad en estos temas, todo lo que diga será tomado en cuenta de manera positiva, aun un comentario aparentemente negativo.

Recuerde

En este punto es clave su objetividad, la aplicación de criterios uniformes para todos sus colaboradores, así como la transparencia de todo lo que realice en torno a este aspecto de su rol.

NOTAS

Paso 6: Brinde aliento

Analice sus comportamientos en relación con sus colaboradores: ¿solo les hace comentarios sobre su desempeño cuando deben corregir su accionar o, por el contrario, les da indicaciones cuando deben mejorar y les hace comentarios positivos frente a sus aciertos? ¿Actúa igual con todos sus colaboradores? ¿Con qué frecuencia se dirige a ellos para señalar errores y aciertos?

Reflexión

....

....

....

....

....

....

Plan de acción para mejorar

....

....

....

....

....

....

....

Paso 6: Brinde aliento

Check-list sobre brindar aliento positivo

¿Analiza el desempeño de sus colaboradores y lo habla con ellos?	Sí	No
¿Brinda aliento a sus colaboradores?		
En su relación cotidiana con ellos, ¿les señala aciertos y aspectos a mejorar?		
Al realizar comentarios, tanto positivos como negativos, ¿es cuidadoso al formularlos, refiriéndose solo a los hechos?		
Cuando sus colaboradores deben mejorar, ¿prepara con ellos un plan de acción?		
Si un colaborador debe modificar comportamientos, ¿le sugiere cómo hacerlo brindándole ejemplos de comportamiento?		
Cuando un colaborador evidencia brechas significativas, ¿analiza usted si la tarea fue bien asignada?		

La respuesta más adecuada a estas preguntas es "Sí". Si usted eligió "No", revise sus comportamientos, relea las sugerencias de esta obra y, si desea profundizar aún más en este tema, al pie de esta página encontrará lecturas adicionales sugeridas.

Reflexiones sobre el *check-list*

....

....

....

....

....

....

Bibliografía sugerida

- Alles, Martha. *Desarrollo del talento humano. Basado en competencias.* Ediciones Granica, 2017.
- Alles, Martha. *Desempeño por competencias. Estrategia. Desarrollo de personas. Evaluación de 360°.* Ediciones Granica, 2017.
- Alles, Martha. *Diccionario de comportamientos. La Trilogía. Tomo 2.* Ediciones Granica, 2015.
- Kouzes, James M. y Posner, Barry. *Brindar aliento.* Ediciones Granica, 2007.

Brindar aliento es un tema complejo

Sobre cómo brindar aliento usted podrá encontrar muchas lecturas y propuestas referidas a cómo hacerlo.

Una manera posible es alentar al otro con frases tales como:

¡Vamos que usted puede!

¡Vaya siempre para adelante!

¡Insista que es posible!

O similares.

No es esa nuestra propuesta ni sugerencia. Por el contrario, el enfoque de este trabajo va en otra dirección.

Decirles a sus colaboradores:

- Qué está bien, para que la próxima vez actúen de manera similar
- Qué está mal, para que la próxima vez actúen de manera diferente
- Qué aspectos deben mejorar

En cada uno de los casos, debe partirse de observar comportamientos, tanto en relación con competencias como con conocimientos, recordando que los conocimientos también pueden ser observados a través de una acción concreta.

De este modo se guía al colaborador en su desempeño, para que cada día este sea mejor. El propósito es el aprendizaje. Por lo tanto, un elogio debe ser medido y cada observación debe realizarse en todos los casos de manera despersonalizada, solo indicando los comportamientos que deben mejorarse, los conocimientos que deben incorporarse a la gestión cotidiana.

Para ello sugerimos utilizar los colores de un imaginario semáforo:

ROJO: implica que el desempeño del colaborador, con relación a esa tarea, debe mejorar sensiblemente. Por lo tanto, debe ponerse en práctica algún plan de acción.

AMARILLO: el desempeño del colaborador, con relación a esa tarea, debe mejorar.

VERDE: el desempeño del colaborador, con relación a esa tarea, está de acuerdo con lo esperado o superior.

NOTAS

Formulario sugerido. Paso 6 - F6A

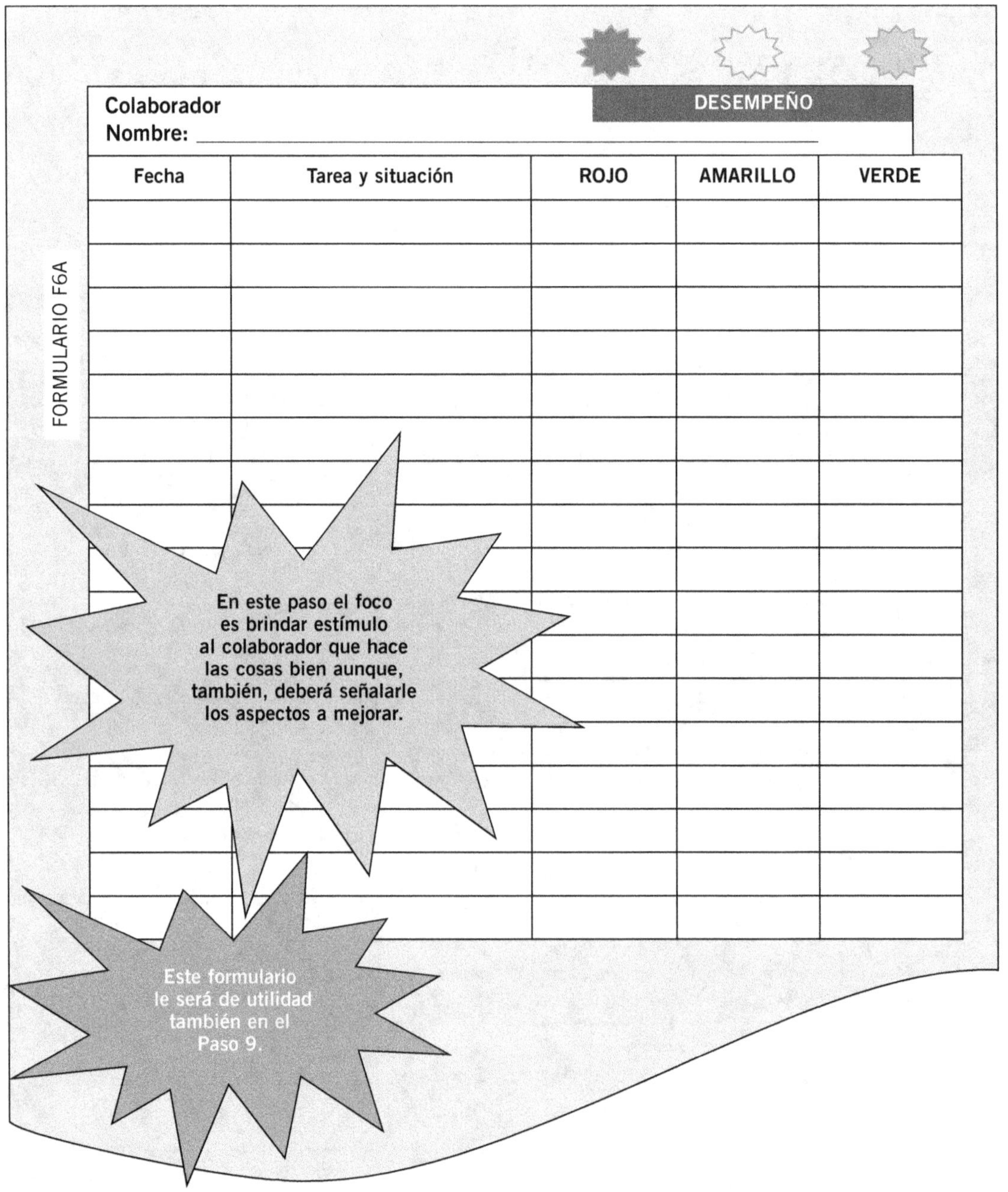

FORMULARIO F6A

Colaborador Nombre:		DESEMPEÑO		
Fecha	Tarea y situación	ROJO	AMARILLO	VERDE

Consejos y sugerencias sobre el formulario F6A

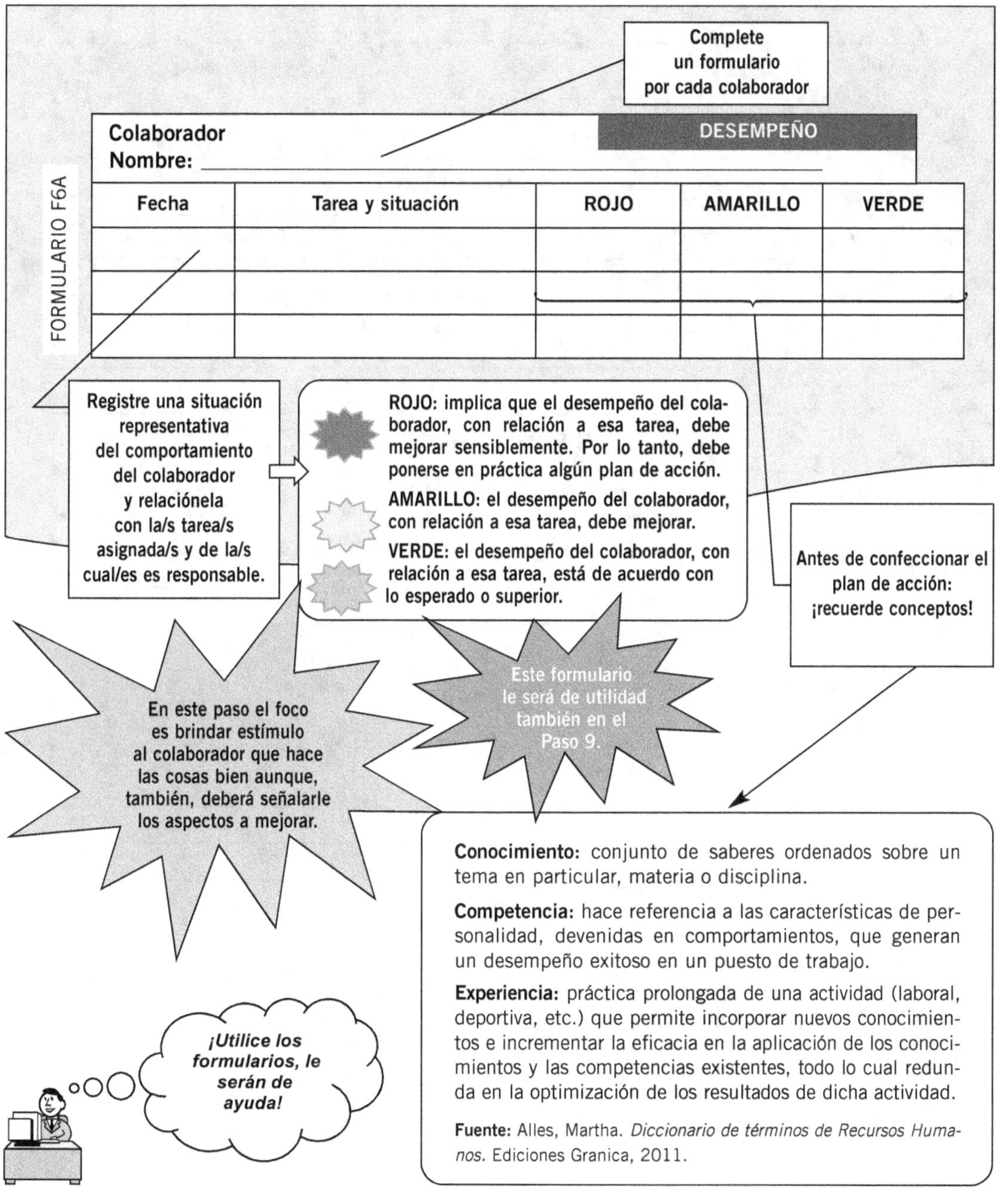

Formulario sugerido. Paso 6 - F6B

FORMULARIO F6B

| Colaborador Nombre: ______________________ | | ACCIONES | |

DESEMPEÑO ROJO

Fecha	Acciones sugeridas	Fecha	Acciones realizadas

DESEMPEÑO AMARILLO

Fecha	Acciones sugeridas	Fecha	Acciones realizadas

DESEMPEÑO VERDE

Fecha	Acciones sugeridas	Fecha	Acciones realizadas

Consejos y sugerencias sobre el formulario F6B

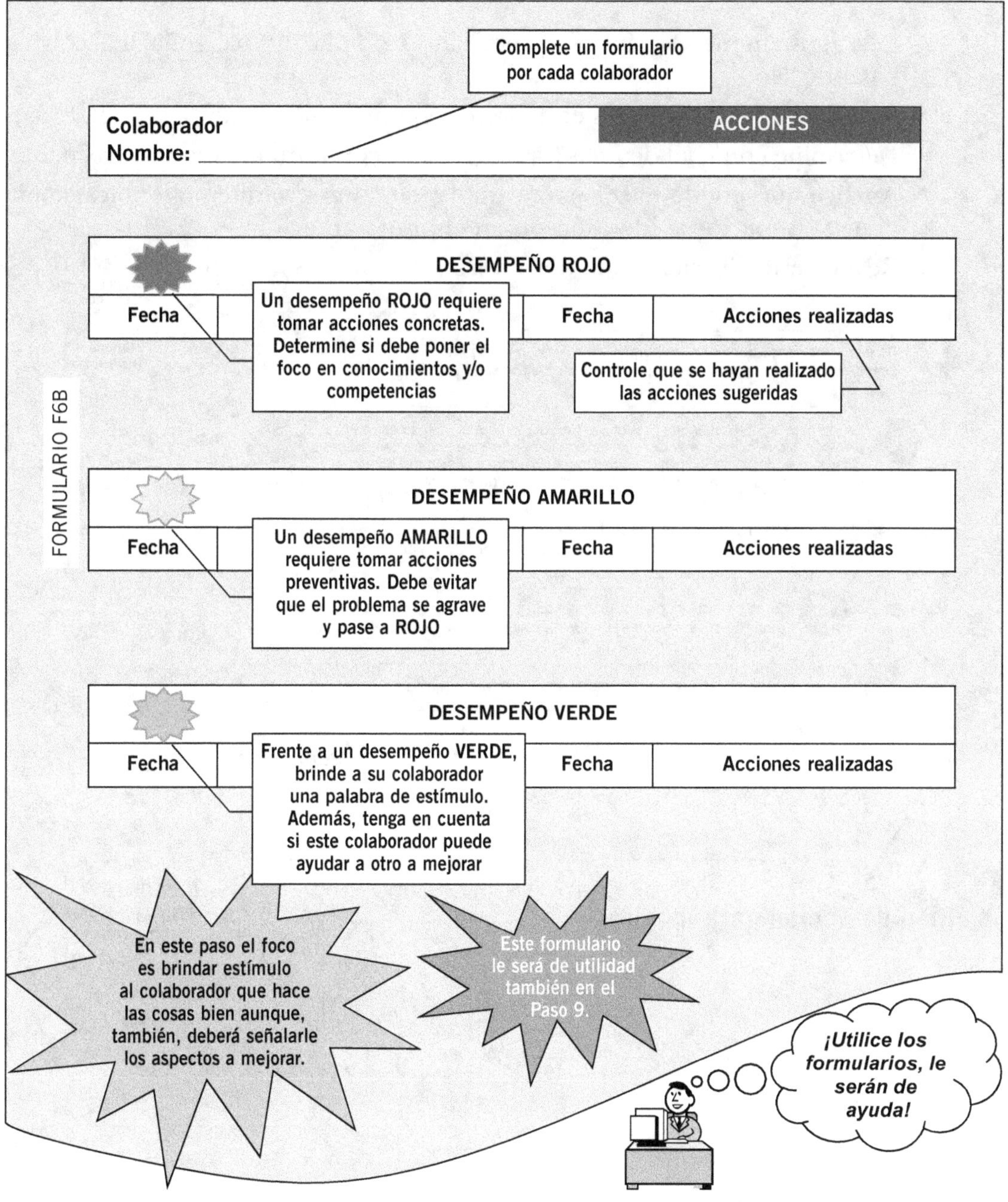

Desarrolle la competencia *Entrenador*

Ejercicio 3

Lea atentamente las frases comenzando por la última, señalada con la palabra "No"

Identifique las diferencias entre los diferentes grados o niveles (A, B, C, D)

Determine con cuál de estas frases asocia su comportamiento más frecuente

Analice qué puede hacer para cambiar su comportamiento y ubicarse en el nivel superior al identificado en el punto anterior

Realice este ejercicio cada dos meses

A — Fortalece las capacidades de los demás y trabaja con ellos para identificar fortalezas y experiencias con el objeto de fomentar el aprendizaje y el crecimiento a largo plazo.

B — Se interesa proactivamente y escucha a sus colaboradores cuando estos le plantean dudas/consultas sobre sus capacidades y los guía acerca de posibles cursos de acción para incrementarlas. Promueve entre sus colaboradores las oportunidades que ofrece la organización en materia de aprendizaje.

C — Escucha a sus colaboradores, hace sugerencias para que mejoren en la tarea a realizar y los alienta a participar en actividades de aprendizaje.

D — Brinda instrucciones prácticas y proporciona ayuda cuando le es requerido por sus colaboradores. Formula preguntas para verificar que han adquirido nuevas capacidades.

Nota: El grado superior incluye todos los anteriores. Ejemplo: el Grado A incluye al B, C y D

Cuando se le solicita ayuda ofrece realizar por sí mismo la tarea; siempre está dispuesto a hacer lo que el otro le pide, dificultando de ese modo el aprendizaje.

¡NO!

Plan de acción para mejorar

....

....

....

....

Paso 7: Difunda los valores organizacionales. Luego, evalúe y brinde retroalimentación

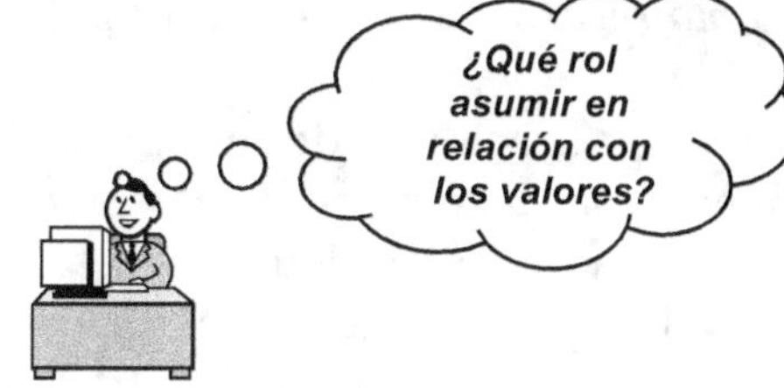

Si la empresa es nueva o bien ha redefinido sus valores, será una función del jefe difundir esos valores y su significado.

El jefe entrenador y los valores de la organización

Los jefes cumplen un rol de suma relevancia en relación con una serie de aspectos organizacionales: misión, visión, estrategia y, por supuesto, valores.

Por esta razón es que se ha destinado este paso y el siguiente a la temática de valores. Es mi propósito destacar la importancia fundamental que un jefe tiene en relación con ellos.

El jefe es un ejemplo para sus colaboradores, y lo será muy especialmente en relación con los valores. Si él no los posee, será muy difícil lograr que los difunda y desarrolle en su equipo de trabajo. Se debe partir de esta realidad: el jefe debe poseer él mismo los valores que la organización ha decidido sostener y fomentar. Todo lo que diremos a continuación parte de esa premisa.

El lector se podrá preguntar: *¿Qué hacer si un jefe no posee los valores que la organización ha definido?* Tengo una sola respuesta: se está frente a un problema muy serio. Pongamos un ejemplo sencillo. Una organización ha definido como valor *Integridad*. No será posible promover este valor en las personas que dependan de un jefe que no lo tiene. No se puede solicitar a un empleado que sea íntegro si su propio jefe no lo es.

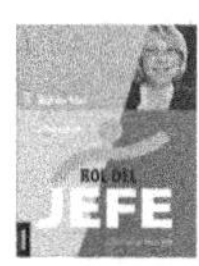

Párrafos extraídos de la obra *Rol del jefe*, Capítulo 7.

Cómo incorporar valores a la cultura organizacional

Las organizaciones definen, entre otros aspectos estratégicos, sus valores. Estos pueden ser incorporados al modelo de competencias o ser tratados por separado.

Una de las preocupaciones de muchos directivos de empresas es cómo llevar los valores organizacionales a la práctica, a la gestión.

La clave está en cómo transformar esos valores en herramentales prácticos, ser conceptos a los cuales "se adhiere", y se conviertan en verdaderos indicadores de gestión.

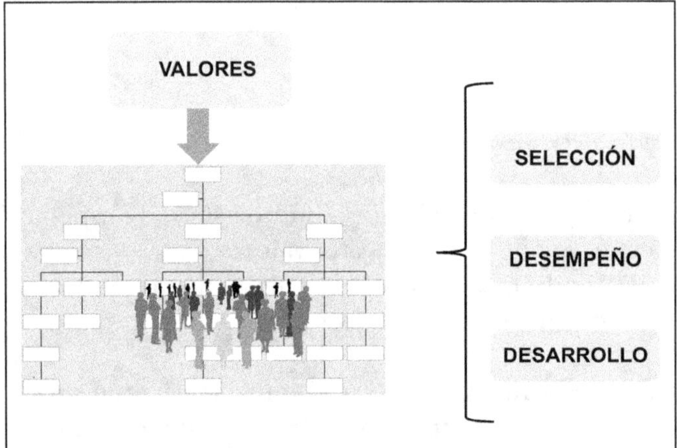

Si se desea el tratamiento por separado de los valores, implementando para ello un *modelo de valores,* se sugiere operacionalizarlos a través de su incorporación a los subsistemas de Recursos Humanos, en especial, a los procesos de Selección, Evaluación del desempeño y Desarrollo. La idea se expresa en el gráfico.

En los últimos años las organizaciones han comenzado a preocuparse por los temas éticos, al menos en una mayor proporción que antes, producto de ciertos escándalos financieros donde quedó en evidencia que los valores personales, tales como la ética y la integridad, no se relacionan solo con la esfera individual o con la vida privada, sino que, por el contrario, los comportamientos no éticos de un directivo, por ejemplo, pueden hacer quebrar a la organización en donde se desempeña.

Párrafos extraídos de la obra *Diccionario de competencias. La Trilogía. Tomo 1,* en la sección *Las buenas prácticas en Recursos Humanos. Gestión por competencias.*

Recuerde conceptos

Modelo de valores: conjunto de procesos relacionados con las personas que integran la organización y que permiten incorporar a los subsistemas de Recursos Humanos los valores organizacionales

Valores: aquellos principios que representan el sentir de la organización, sus objetivos y prioridades estratégicas.

Fuente: Alles, Martha. *Diccionario de términos de Recursos Humanos.* Ediciones Granica, 2011.

Paso 7: Difunda los valores organizacionales. Luego, evalúe y brinde retroalimentación

¿Conoce acerca de los valores de la organización en la que se desempeña? ¡Infórmese! Pregunte al responsable de Recursos Humanos y a sus superiores. No solo hay que conocerlos por su nombre, investigue sobre el contenido que encierran.

En relación con los valores organizacionales se pueden dar distintas opciones:

Que estén definidos y usted los conozca adecuadamente

Que estén definidos y la difusión haya sido escasa, por lo cual usted puede tener dudas al respecto

Que no estén definidos

En cualquiera de las opciones le sugerimos la confección del formulario F7A. Sin embargo, en la última de ellas (que no estén definidos) podrán darse dos situaciones: que usted los identifique claramente según la cultura organizacional o que deba recurrir a un superior para que él lo ayude a hacerlo. Quizás a partir de su consulta la empresa decida definirlos de manera más oficial.

Recuerde

Los valores siempre existen, solo que no siempre es sencillo identificarlos en una primera lectura.

NOTAS

....

....

....

....

....

....

Paso 7: Difunda los valores organizacionales. Luego, evalúe y brinde retroalimentación

Una vez que esté seguro acerca de los valores organizacionales, ¡difúndalos!, tanto entre sus colaboradores como a otras personas dentro de su área de influencia.

Uno de los roles de un jefe es la comunicación de temas organizacionales, entre ellos, los valores. ¿Por qué es especialmente importante? Veamos otra vez la definición. Los valores simbolizan *aquellos principios que representan el sentir de la organización, sus objetivos y prioridades estratégicas.*

Cada colaborador debe conocerlos y cada jefe debe asegurarse de que así sea. Si completó el formulario F7A, puede compartirlo con sus colaboradores. Si existe otra documentación organizacional al respecto, también puede difundirla.

Una vez que sus colaboradores hayan leído al respecto, usted puede preguntar si tienen alguna duda u ofrecer ejemplos ilustrativos sobre cómo evidenciar los valores dentro de sus respectivos puestos de trabajo.

Recuerde

Los valores no son un mero enunciado. Deben observarse en cada momento y en toda circunstancia.

NOTAS

Paso 7: Difunda los valores organizacionales. Luego, evalúe y brinde retroalimentación

¿Cómo es el comportamiento de sus colaboradores en relación con los valores? ¿Actúan de acuerdo a lo esperado? ¡Evalúelos!

Continuando con lo expresado en las páginas anteriores, usted deberá preguntarse, primero, si está de acuerdo con los valores organizacionales y cuál es su comportamiento con relación a ellos. ¿Los observa? ¿Sus valores personales coinciden con los organizacionales? ¿Su comportamiento está de acuerdo con los valores organizacionales?

Una vez que analizó su propia situación deberá formularse los mismos cuestionamientos en relación con sus colaboradores. Utilice para ello el formulario F7B.

Recuerde

Los valores se evidencian en todo tipo de actividades, tanto laborales como de otra índole.

Los valores se pueden medir mediante la observación de comportamientos.

(Continúa en la página siguiente.)

NOTAS

Paso 7: Difunda los valores organizacionales. Luego, evalúe y brinde retroalimentación

Los valores pueden medirse. ¿No sabe cómo hacerlo? ¡Infórmese! Pregunte al responsable de Recursos Humanos y a sus superiores.

Como decíamos en la página anterior, los valores pueden "verse" en los comportamientos de las personas. Muchas organizaciones han definido indicadores para medir valores. Cuando estos existen, la forma de medirlos es:

Comparar los comportamientos observados con los indicadores

Comprobar su correspondencia y, eventualmente, determinar una brecha

Si usted no sabe si en su empresa existen o no dichos indicadores, ¡pregunte al responsable de Recursos Humanos o a su propio jefe! Si no existen indicadores, puede utilizar ejemplos, como los publicados en la obra *Diccionario de comportamientos*.

Recuerde

Los valores pueden ser medidos. ¡Utilice el formulario F7B!
¿Se puede mejorar en materia de valores? Cuando una persona tiene un deseo genuino, siempre es posible mejorar y alcanzar un comportamiento superior.

NOTAS

Paso 7: Difunda los valores organizacionales. Luego, evalúe y brinde retroalimentación

Brinde retroalimentación a sus colaboradores en relación con sus comportamientos, especialmente en cuanto al respeto de los valores organizacionales. ¡Ofrezca ayuda!

Una forma de comenzar el desarrollo es ofrecer y recibir retroalimentación al respecto. El jefe debe comunicar a su colaborador, a través de ejemplos de comportamientos pasados, qué aspectos puede mejorar. Además, es posible contar con guías que ayuden al autodesarrollo, también, en materia de valores.

Para mejorar, es necesario que exista una correspondencia entre los valores de la organización y los valores personales del colaborador. Si esta primera concordancia se verifica y si el colaborador desea hacerlo, será posible lograr un avance, una mejora en sus comportamientos. Es decir, será posible que este alcance un nivel superior.

Cuando sea necesario, utilice el formulario F7C para sugerir acciones de mejora.

Recuerde

Alcanzar un nivel superior en materia de valores es difícil, pero siempre es posible lograrlo.

NOTAS

Paso 7: Difunda los valores organizacionales. Luego, evalúe y brinde retroalimentación

AUTOEVALUACIÓN

¿Conoce los valores organizacionales? ¿Qué piensa de ellos? ¿Los comparte? ¿Sus comportamientos se corresponden con los valores organizacionales? ¡Sea objetivo sobre usted mismo! Respecto de sus colaboradores: ¿conocen los valores organizacionales? ¿El comportamiento de sus colaboradores se corresponde con esos valores?

Reflexión

....

....

....

....

....

....

....

Plan de acción para mejorar

....

....

....

....

....

....

....

Paso 7: Difunda los valores organizacionales. Luego, evalúe y brinde retroalimentación

Check-list acerca de difundir los valores organizacionales

¿Se considera un comunicador de temas organizacionales?	Sí	No
¿Conoce los valores de su organización?		
¿Conoce su definición y, en el caso de existir, ha tomado conocimiento de los indicadores sobre valores?		
¿Existe una concordancia entre sus valores personales y los de la organización?		
¿Realiza algún tipo de medición periódica de los valores de sus colaboradores?		
¿Existe concordancia entre los valores personales de sus colaboradores y los de la organización?		
¿Les brinda retroalimentación, apoya/ayuda a sus colaboradores para que estos mejoren o alcancen un nivel superior?		

La respuesta más adecuada a estas preguntas es "Sí". Si usted eligió "No", revise sus comportamientos, relea las sugerencias de esta obra y, si desea profundizar aún más sobre el tema, al pie de esta página encontrará lecturas adicionales sugeridas.

Reflexiones sobre el *check-list*

....
....
....
....
....
....
....

Bibliografía sugerida

- Alles, Martha. *Construyendo talento*. Ediciones Granica, 2016.
- Alles, Martha. *Diccionario de comportamientos. La Trilogía. Tomo 2*. Ediciones Granica, 2015.
- Kouzes, James M. y Posner, Barry. *El planificador para líderes*. Ediciones Granica, 2005.

Formulario sugerido. Paso 7 - F7A

¿Cuáles son los valores organizacionales y cuál es la definición de cada uno?

VALOR

VALOR

FORMULARIO F7A

VALOR

VALOR

Consejos y sugerencias sobre el formulario F7A

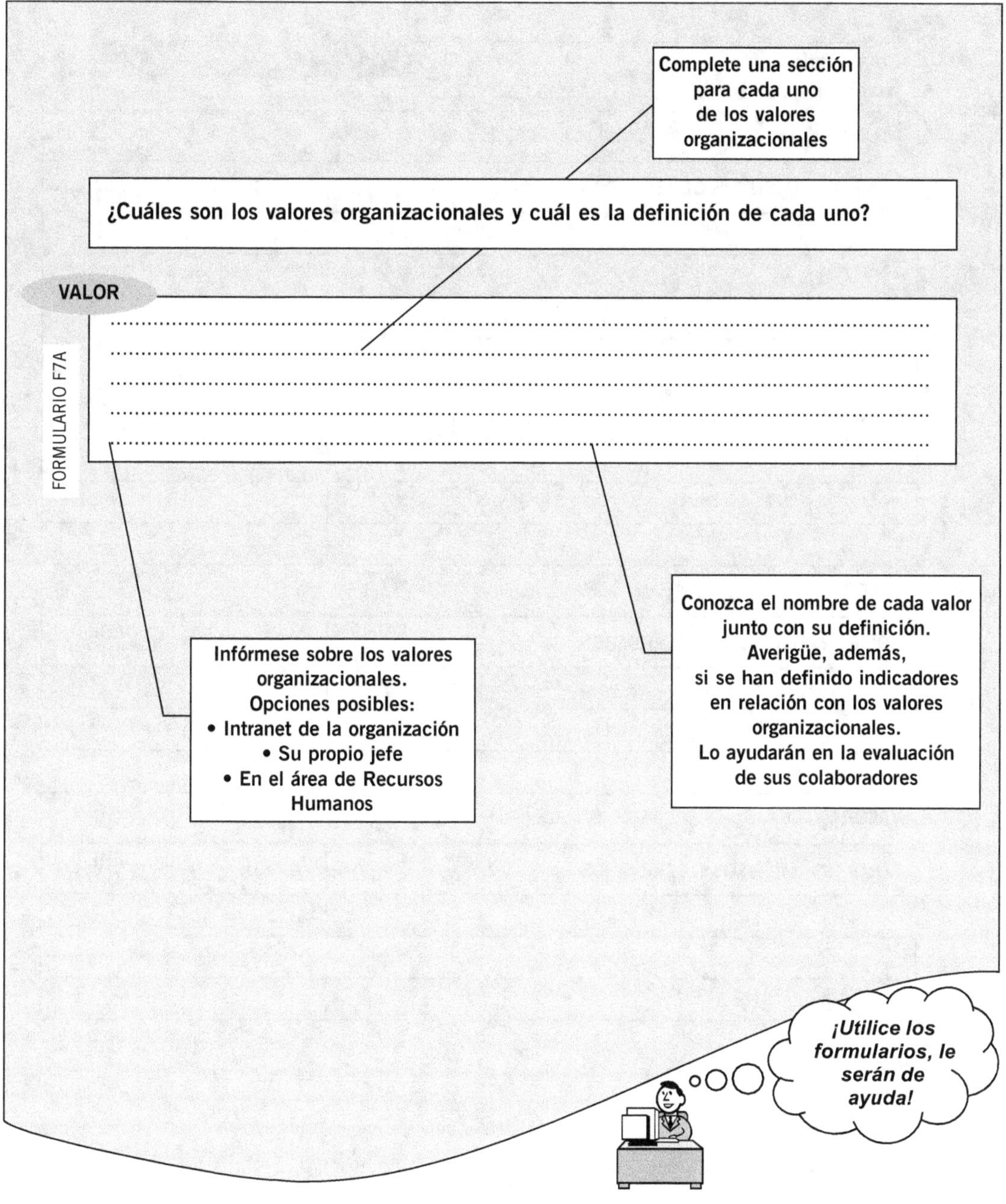

Formulario sugerido. Paso 7 - F7B

FORMULARIO F7B

Colaborador Nombre:	VALORES	
VALOR:		
COMPORTAMIENTOS OBSERVADOS	**SÍ**	**DEBE MEJORAR**
VALOR:		
COMPORTAMIENTOS OBSERVADOS	**SÍ**	**DEBE MEJORAR**
VALOR:		
COMPORTAMIENTOS OBSERVADOS	**SÍ**	**DEBE MEJORAR**
VALOR:		
COMPORTAMIENTOS OBSERVADOS	**SÍ**	**DEBE MEJORAR**

Consejos y sugerencias sobre el formulario F7B

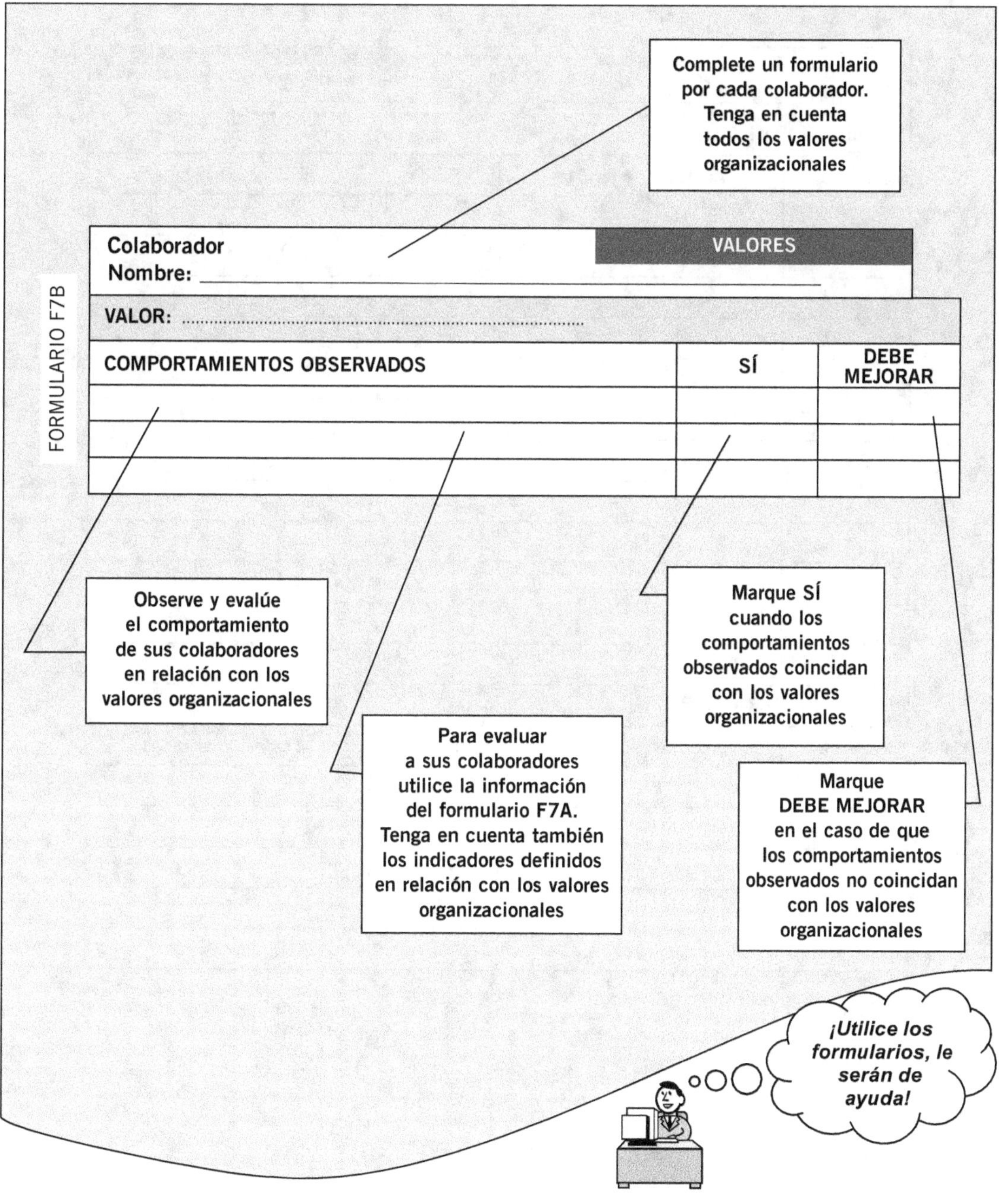

Formulario sugerido. Paso 7 - F7C

Colaborador Nombre: ______________________________			ACCIONES SOBRE VALORES

DEBE MEJORAR VALOR: ....

Fecha	Acciones sugeridas	Fecha	Acciones realizadas

DEBE MEJORAR VALOR: ....

Fecha	Acciones sugeridas	Fecha	Acciones realizadas

DEBE MEJORAR VALOR: ....

Fecha	Acciones sugeridas	Fecha	Acciones realizadas

FORMULARIO F7C

Consejos y sugerencias sobre el formulario F7C

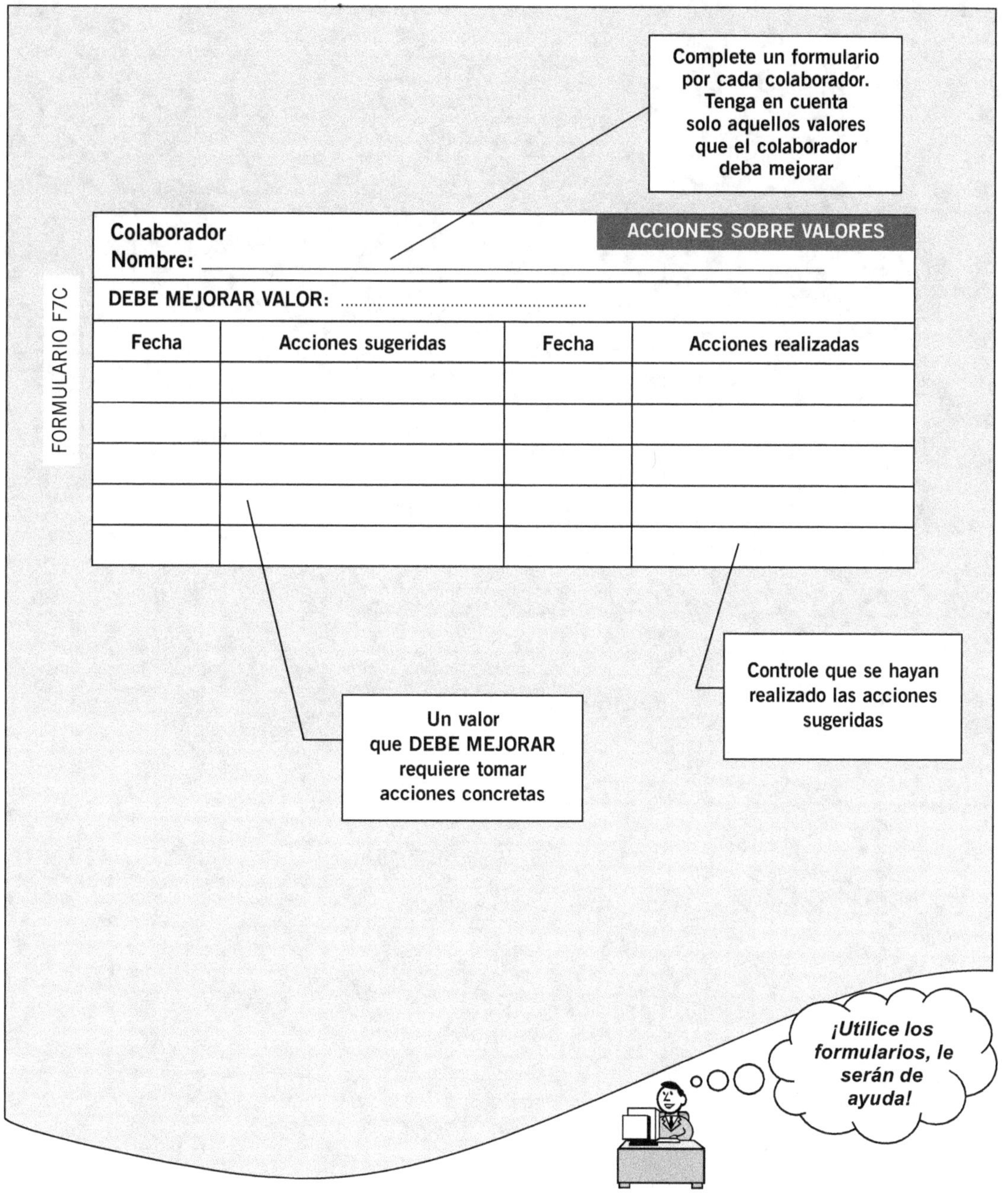

NOTAS

Paso 8: Transfórmese en un modelo a seguir por sus valores y principios éticos

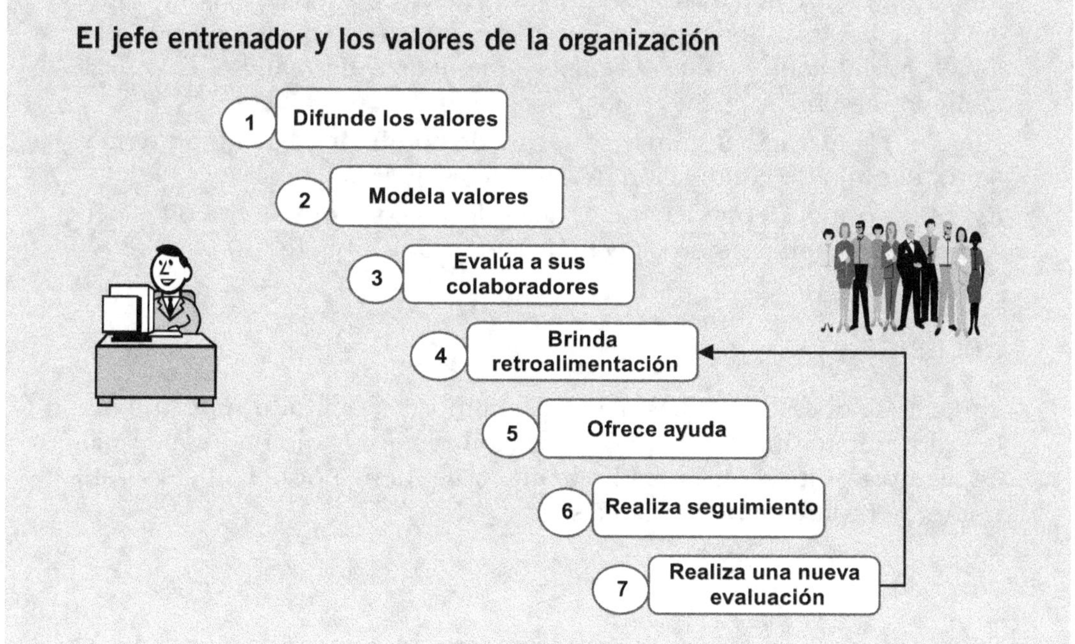

El jefe siempre es un modelo para sus colaboradores. Por lo cual él mismo deberá actuar en correlación con los valores organizacionales de modo de transformarse en un ejemplo a seguir por el equipo a su cargo y por otras personas de la organización.

Cada jefe es quien mejor conoce a las personas a su cargo. Por ello será él la persona más adecuada para evaluar el comportamiento de sus colaboradores en relación con los valores organizacionales.

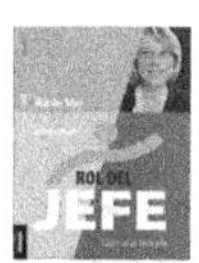

Párrafos extraídos de la obra *Rol del jefe*, Capítulo 7.

Paso 8: Transfórmese en un modelo a seguir

Un jefe es siempre un modelo para las personas a su cargo, de manera explícita o implícita. A veces a través de la imitación, cuando los colaboradores se sienten identificados con él, o, en ocasiones, por su opuesto. ¡Téngalo en cuenta!

Reflexione sobre el párrafo precedente. Piense en jefes suyos del pasado, en el jefe del cual depende en este momento. ¿Los considera un modelo? O, por el contrario, usted piensa que actúan de manera diametralmente opuesta.

¿Realiza comparaciones entre su forma de conducir a su equipo de trabajo y el estilo de conducción de otros jefes que ha conocido?

Este mismo análisis pueden estar haciendo sus colaboradores u otras personas de la organización respecto de su estilo como jefe.

Recuerde

Un jefe, de pocas o muchas personas, siempre es "mirado" por sus colaboradores, para imitarlo o para hacer todo lo contrario de lo que realiza. Siempre es un referente. El reto que usted tiene por delante es ser un referente positivo, un ejemplo a seguir.

NOTAS

Paso 8: Transfórmese en un modelo a seguir

No se sienta abrumado por ser un modelo para sus colaboradores, todo jefe lo es. Actúe de manera natural y reflexione al respecto.

¿Cómo actuar, todos los días, sabiendo que está en la mira de los otros, sin abrumarse por la responsabilidad que ello implica?

En el Paso 4 le dijimos que no se espera de usted que se comporte como "Superman" o la "Mujer Maravilla", pero que, no obstante, siempre debe actuar como jefe, asumiendo el rol que su posición implica.

La sugerencia es sencilla y compleja a la vez. Usted deberá ser natural y, al mismo tiempo, consciente de que es observado.

Recuerde

Tenga presente que debe ser coherente entre lo que dice y lo que hace. Si algo no le gusta, dígalo. Si tiene que tomar una medida desagradable, hágalo. En todos los casos, poniendo su mejor empeño y criterio para hacer lo mejor.

NOTAS

Paso 8: Transfórmese en un modelo a seguir

En su rol de jefe se espera que usted sea un modelo a seguir por otros en materia de valores y principios éticos. ¿Cómo es su comportamiento? ¿No está seguro al respecto? ¡Reflexione! ¡Pregúntele a su superior!

Continuando con lo dicho en la página anterior, los valores, los principios éticos, así como la integridad personal, se evidencian a través de los comportamientos. Si usted dice una cosa y hace otra, será esto último lo que se tome en cuenta y su integridad, puesta a prueba.

Analice los indicadores que evidencian un comportamiento de tipo ético, íntegro, y compárelos con los suyos. Analice objetivamente si debe cambiar o en qué aspectos puede mejorar.

Recuerde

En el paso anterior se le sugirió completar primero el formulario F7A y luego los formularios F7B y F7C, para cada uno de sus colaboradores. ¡Confecciónelos también para usted!

Autoevalúese y prepare un plan de acción.

NOTAS

Paso 8: Transfórmese en un modelo a seguir

¿Actúa de acuerdo con los valores organizacionales y los principios éticos en todo momento? Si cree que sí, analícelo para estar seguro. Si cree que no, determine las causas.

Una vez que confeccionó (para usted mismo) el formulario F7B, analice si los comportamientos que registró son los habituales.

Como un ejercicio, analice cómo son sus comportamientos, en relación con valores, fuera del ámbito laboral.

Una vez que ha descrito sus propios comportamientos, analice el porqué de cada caso.

Recuerde

Un comportamiento ético e íntegro debe ser evidenciado en todo momento. En su vida personal y en su vida profesional.

No es posible ser ético con relación a unos temas y no serlo con respecto a otros. Este mismo comentario aplica a todos los valores –*Integridad,* o cualquier otro–, tanto los de tipo personal como organizacional.

NOTAS

....

....

....

....

....

....

Paso 8: Transfórmese en un modelo a seguir

Obtenga ayuda sobre cómo ser un modelo en materia de valores y principios éticos. Quizás lo es, pero siempre será una buena idea confirmarlo y, eventualmente, mejorar. El ideal a alcanzar será que lo consideren un referente en materia de valores.

Le hemos propuesto su autoevaluación y la confección de un plan de acción. Si tiene dudas sobre uno o ambos, solicite ayuda y consejo. Podrá hacerlo recurriendo a su jefe, a otro ejecutivo de nivel superior, con el cual usted se sienta cómodo para conversar sobre estos temas, o con el responsable de Recursos Humanos. Analice la mejor opción dentro de su organización.

Independientemente del comentario anterior, y adicionalmente, analice si sus colaboradores lo perciben como un referente a seguir en materia de principios éticos e integridad.

Recuerde

En la concepción actual, *Ética* y, por extensión, otros valores no se consideran solo deseables como valores en sí mismos, aunque desde ya lo son, sino que se visualizan como una necesidad organizacional, cuando se piensa en organizaciones sustentables. Por lo tanto, no son solo valores morales: son también valores de interés organizacional.

NOTAS

Paso 8: Transfórmese en un modelo a seguir

AUTOEVALUACIÓN

Analice sus comportamientos en materia de valores y principios éticos. ¿Cómo se visualiza a usted mismo al respecto? Si tiene dudas, pregúntele a su jefe. Si piensa que su comportamiento no es el adecuado, analice cómo hacer para modificar esta situación.

Reflexión

....

....

....

....

....

....

Plan de acción para mejorar

....

....

....

....

....

....

Paso 8: Transfórmese en un modelo a seguir

Check-list acerca de transformarse en un modelo a seguir

¿Sus colaboradores lo consideran un modelo a seguir?	Sí	No
¿Se cuestiona acerca de sus comportamientos y realiza una autoevaluación al respecto?		
¿Considera que sus comportamientos habituales son éticos?		
¿Considera que las otras personas lo perciben como ético (por sus comportamientos)?		
¿Les ha preguntado a sus superiores acerca de si lo perciben como ético (por sus comportamientos)?		
¿Sus valores personales, en especial en relación con la ética, coinciden con los valores organizacionales?		
¿Sus colaboradores lo perciben como un modelo a seguir por sus comportamientos éticos?		

La respuesta más adecuada a estas preguntas es "Sí". Si usted eligió "No", revise sus comportamientos, relea las sugerencias de esta obra y, si desea profundizar aún más en el tema, al pie de esta página encontrará lecturas adicionales sugeridas.

Reflexiones sobre el *check-list*

Bibliografía sugerida

- Alles, Martha. *Diccionario de competencias. La Trilogía. Tomo 1*. Ediciones Granica, 2015.
- Alles, Martha. *Diccionario de comportamientos. La Trilogía. Tomo 2*. Ediciones Granica, 2015.
- Alles, Martha. *Diccionario de preguntas. La Trilogía. Tomo 3*. Ediciones Granica, 2015.

Desarrolle la competencia *Entrenador*

Ejercicio 4

Lea atentamente las frases comenzando por la última, señalada con la palabra "No"

Identifique las diferencias entre los distintos grados o niveles (A, B, C, D)

Determine con cuál de estas frases asocia su comportamiento más frecuente

Analice qué puede hacer para cambiar su comportamiento y ubicarse en el nivel superior al identificado en el punto anterior

Realice este ejercicio cada dos meses

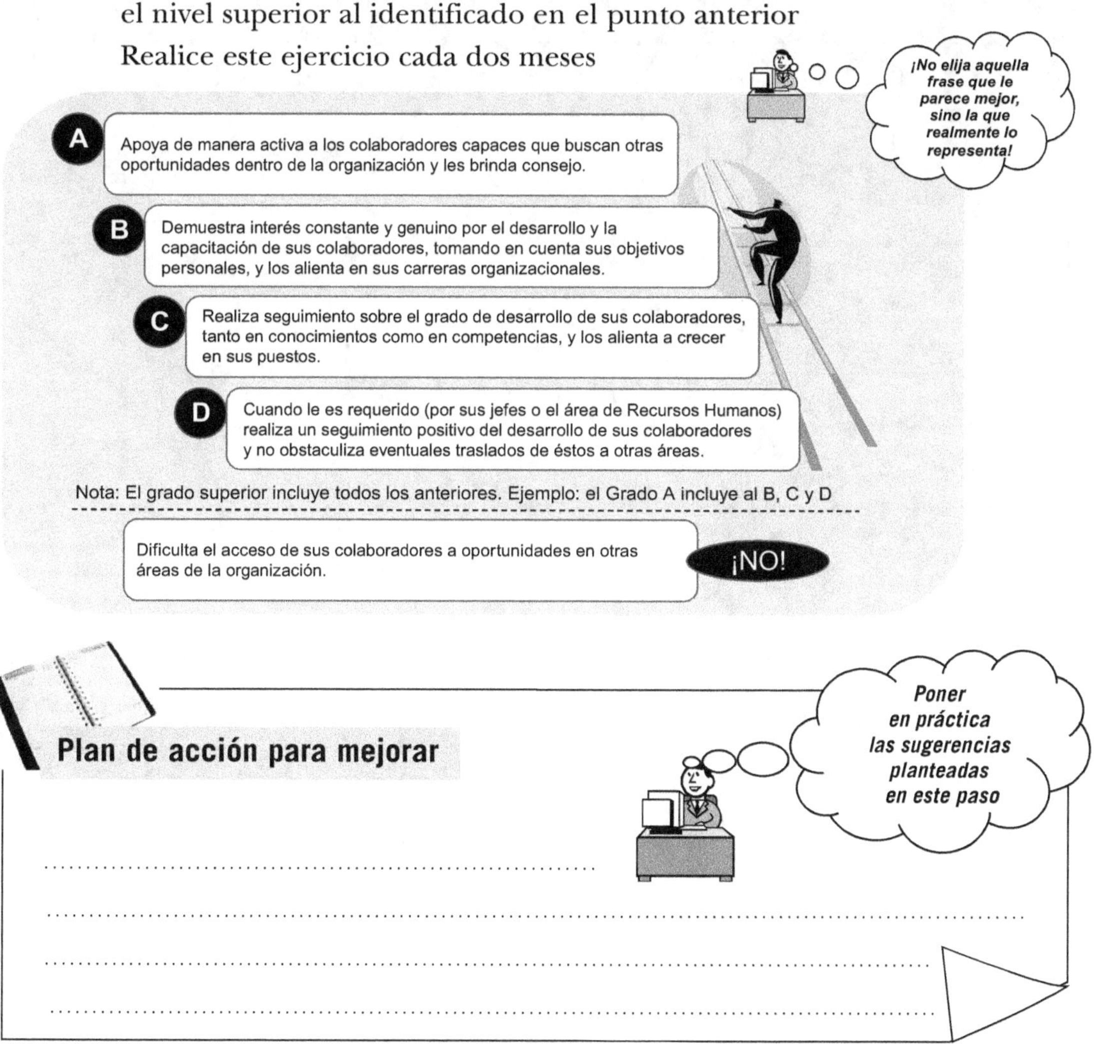

NOTAS

Paso 9: Sea proactivo en relación con las capacidades de sus colaboradores

Evalúe y brinde retroalimentación

Gestión por competencias no es una moda, y usted como jefe debe no solo conocer "algo" al respecto sino dominar las competencias del modelo de su propia organización. Del mismo modo debe estar actualizado en materia de conocimientos.

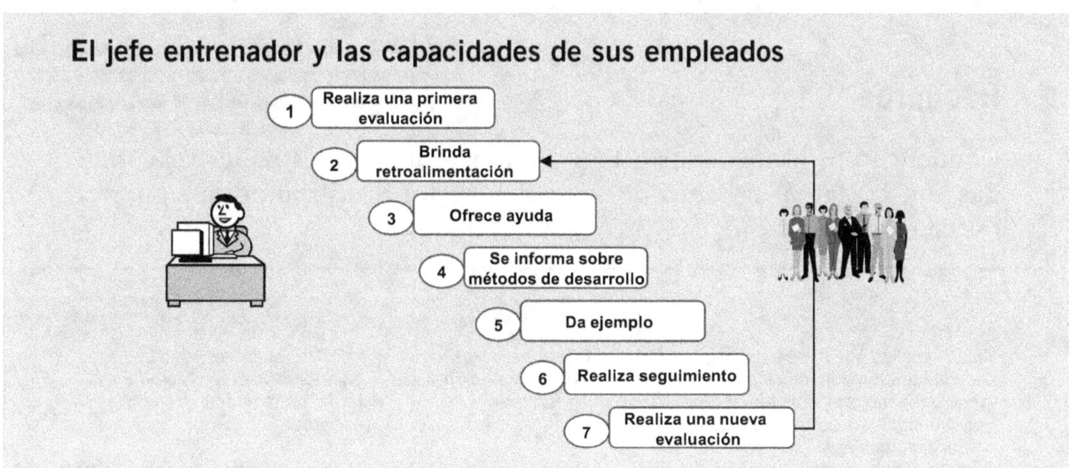

El jefe debe realizar, como parte de su rol, una serie de actividades en relación con las capacidades (conocimientos y competencias) de sus colaboradores, como surge del gráfico precedente.

En ningún caso un jefe debe limitarse a decir que su colaborador no tiene las capacidades requeridas para el puesto que ocupa. Además de evaluar si esto realmente es así, deberá ayudar y guiar a los colaboradores a su cargo para que alcancen el nivel requerido de cada uno de los requisitos estipulados para el puesto donde se desempeñan.

Paso 9: Sea proactivo en relación con las capacidades de sus colaboradores

Las capacidades de sus colaboradores son un tema de trascendencia para todo jefe. ¡Téngalas en cuenta!

En el Paso 6, "Brinde aliento", nos hemos referido a la importancia de registrar el desempeño de sus colaboradores. Allí se le sugirió utilizar los formularios F6A y F6B. Ambos le serán también de utilidad en relación con este paso. Usted debe ser proactivo respecto de las capacidades de sus colaboradores; para ello, la mejor sugerencia es comenzar por analizar y registrar el desempeño actual de cada uno de ellos.

Vea en las páginas finales un detalle de todos los formularios utilizados en esta obra y su relación con cada uno de los 12 pasos

Recuerde

Comience por el formulario F6A y registre situaciones reales relacionadas con las tareas a cargo de sus colaboradores utilizando la siguiente escala de calificación:

ROJO: implica que el desempeño del colaborador, con relación a esa tarea, debe mejorar sensiblemente. Por lo tanto, debe ponerse en práctica algún plan de acción.

AMARILLO: el desempeño del colaborador, con relación a esa tarea, debe mejorar.

VERDE: el desempeño del colaborador, con relación a esa tarea, está de acuerdo con lo esperado o superior.

NOTAS

....

....

....

....

....

....

Paso 9: Sea proactivo en relación con las capacidades de sus colaboradores

Tome un rol activo en relación con las capacidades –tanto conocimientos como competencias– de todos sus colaboradores. ¡Infórmese sobre cómo evaluarlas!

Quizás usted ya completó el formulario F6A, pudo observar los tres tipos diferentes de desempeño y los calificó siguiendo la escala de Rojo, Amarillo y Verde, pero no puede discernir acerca de las capacidades de sus colaboradores, diferenciando conocimientos y competencias. Si esta es su situación, pregúntele a su jefe o bien averigüe en el área de Recursos Humanos cómo se miden ambas capacidades mencionadas (conocimientos y competencias).

Recuerde

Los pasos a seguir son:

> Determinar el tipo de desempeño
>
> Medir las capacidades de sus colaboradores (conocimientos y competencias)
>
> Determinar la existencia –o no– de brechas
>
> Confeccionar un plan de acción a través de acciones sugeridas (formulario F6B)

NOTAS

....

....

....

....

....

....

Paso 9: Sea proactivo en relación con las capacidades de sus colaboradores

Brinde retroalimentación a sus colaboradores en lo que respecta a las capacidades de cada uno, tanto conocimientos como competencias.

Continuando con lo expuesto en la página anterior: brinde una amplia retroalimentación a sus colaboradores, refiriéndose tanto al desempeño como al grado de desarrollo de sus capacidades. En el caso de que un colaborador haya evidenciado un desempeño inferior a lo esperado (Rojo o Amarillo) usted deberá diferenciar si la causa se debe a brechas en sus capacidades.

Recuerde conceptos

Capacidades: el término incluye conocimientos, competencias y experiencia.

Conocimiento: conjunto de saberes ordenados sobre un tema en particular, materia o disciplina.

Competencia: hace referencia a las características de personalidad, devenidas en comportamientos, que generan un desempeño exitoso en un puesto de trabajo.

Experiencia: práctica prolongada de una actividad (laboral, deportiva, etc.) que permite incorporar nuevos conocimientos e incrementar la eficacia en la aplicación de los conocimientos y las competencias existentes, todo lo cual redunda en la optimización de los resultados de dicha actividad.

Fuente: Alles, Martha. *Diccionario de términos de Recursos Humanos.* Ediciones Granica, 2011.

NOTAS

Paso 9: Sea proactivo en relación con las capacidades de sus colaboradores

Si alguno de sus colaboradores no posee las capacidades necesarias para un desempeño superior en su puesto de trabajo, ¡ofrézcale ayuda!

Una vez que usted determinó el desempeño de su colaborador (F6A), analizó y evaluó sus capacidades y, eventualmente, determinó alguna brecha, el paso siguiente será ofrecer ayuda para superarla.

Recuerde

Las brechas pueden cerrarse en un tiempo mayor o menor, según sean las circunstancias. Sin embargo, si no existe el interés ni la motivación por parte de su colaborador para lograrlo, esto será difícil y, en algún caso, hasta imposible.

Por lo tanto, para ayudar a su colaborador usted deberá determinar si realmente este se siente motivado para mejorar y esforzarse –de algún modo– a fin de alcanzar el mencionado desempeño superior.

Despejada esta incógnita, si su colaborador desea mejorar, usted y la organización, a través del área de Recursos Humanos –si se cuenta con este tipo de estructura– podrán ayudarlo a crecer y mejorar.

NOTAS

....

....

....

....

....

....

Paso 9: Sea proactivo en relación con las capacidades de sus colaboradores

Analice en cada caso si puede guiar a su colaborador, ya sea en el aprendizaje de un nuevo conocimiento, en una forma diferente de hacer las cosas o bien en la modificación de comportamientos (competencias).

Complementando lo ya expuesto, usted puede ayudar a su colaborador, además, en el día a día de sus respectivas gestiones y actividades laborales. Ejemplos:

Brechas en conocimientos. Si usted posee el conocimiento en cuestión puede brindar a su/s colaborador/es pequeñas charlas al respecto, introducir alguna explicación de tanto en tanto, para ir transmitiendo conocimientos de manera paulatina y a medida que surge una necesidad concreta

Brechas en comportamientos. Usted puede hacer dos cosas en simultáneo. Recuerde que puede ser un modelo, por lo tanto, sea consciente de esta situación y analice sus comportamientos con relación al tema en cuestión. La segunda acción será señalar a su colaborador qué tipo de comportamientos debe cambiar y/o cuáles debe enfatizar

Recuerde

El jefe entrenador lo es en cada minuto, en cada instante, todo el tiempo.

NOTAS

Paso 9: Sea proactivo en relación con las capacidades de sus colaboradores

AUTOEVALUACIÓN

Analice las capacidades de sus colaboradores, tanto en competencias como en conocimientos. ¿Son las adecuadas para los puestos que cada uno de ellos ocupa? ¿Evalúa las capacidades de sus colaboradores en forma permanente o solo cuando se realiza la evaluación de desempeño anual? ¿Les brinda retroalimentación constante al respecto?

Reflexión

....

....

....

....

....

....

....

Plan de acción para mejorar

....

....

....

....

....

....

Paso 9: Sea proactivo en relación con las capacidades de sus colaboradores

Check-list acerca de ser proactivo con las capacidades

¿Brinda retroalimentación y apoyo a sus colaboradores?	Sí	No
Cuando analiza el desempeño de sus colaboradores, ¿toma en cuenta sus capacidades (conocimientos y competencias)?		
Cuando un colaborador evidencia un desempeño inferior a lo esperado, ¿analiza las causas?		
¿Brinda retroalimentación a sus colaboradores sobre sus respectivos desempeños y capacidades?		
¿Está disponible para sus colaboradores cuando estos manifiestan dudas o preguntas en relación con sus capacidades?		
Si sus colaboradores deben mejorar en conocimientos, ¿les transmite, cuando es pertinente, los suyos para ayudarlos a mejorar?		
Si sus colaboradores deben mejorar/cambiar comportamientos, ¿los guía al respecto, ya sea como modelo o señalando cómo hacerlo?		

La respuesta más adecuada a estas preguntas es "Sí". Si usted eligió "No", revise sus comportamientos, relea las sugerencias de esta obra y, si desea profundizar aún más sobre el tema, al pie de esta página encontrará lecturas adicionales sugeridas.

Reflexiones sobre el *check-list*

....
....
....
....
....
....
....

Bibliografía sugerida

- Alles, Martha. *Desempeño por competencias. Estrategia. Desarrollo de personas. Evaluación de 360°.* Ediciones Granica, 2017.
- Alles, Martha. *Codesarrollo. Una nueva forma de aprendizaje.* Ediciones Granica, 2009.
- Alles, Martha. *Diccionario de comportamientos. La Trilogía. Tomo 2.* Ediciones Granica, 2015.

Formulario sugerido. Paso 9 - F6A

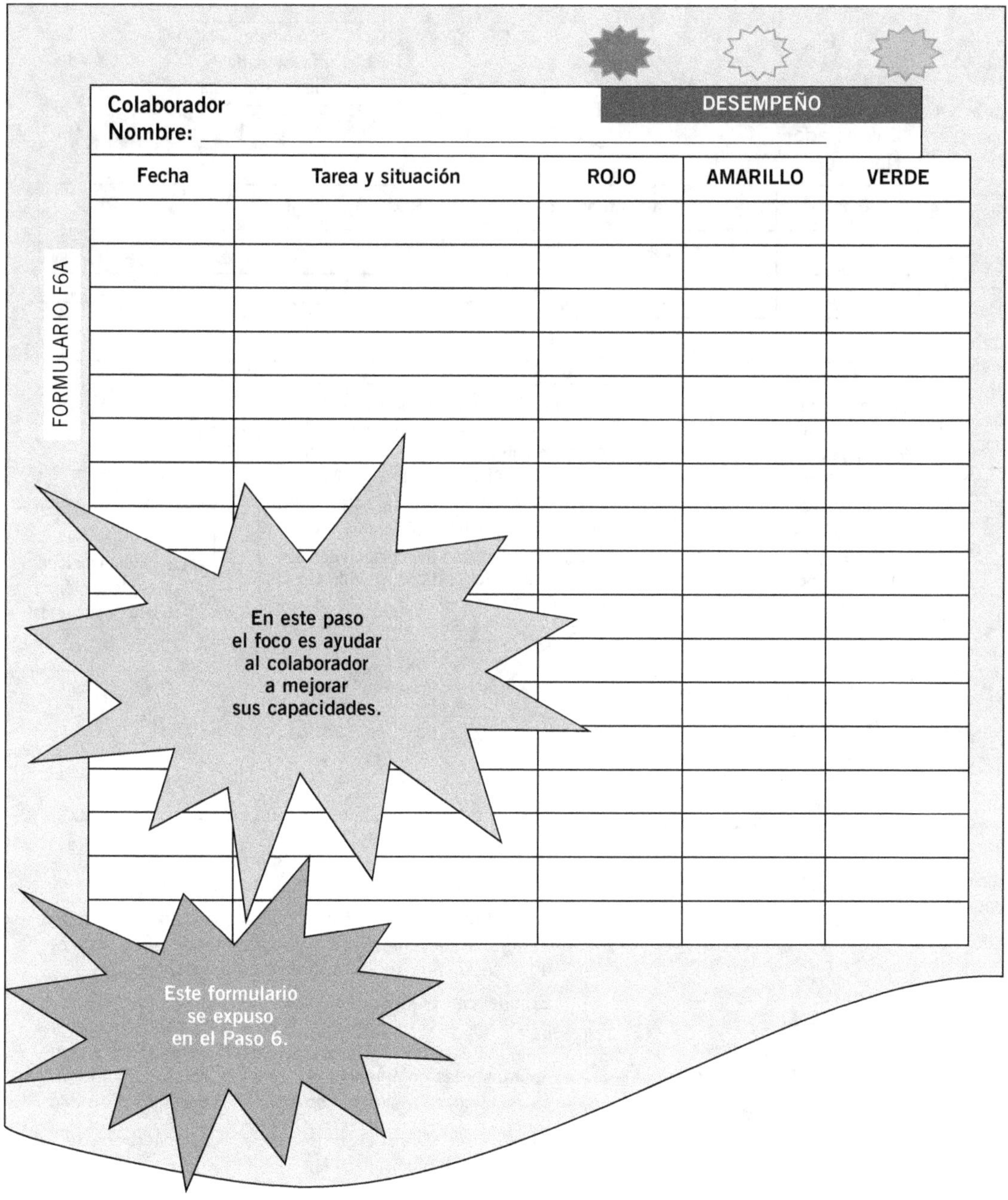

Consejos y sugerencias sobre el formulario F6A

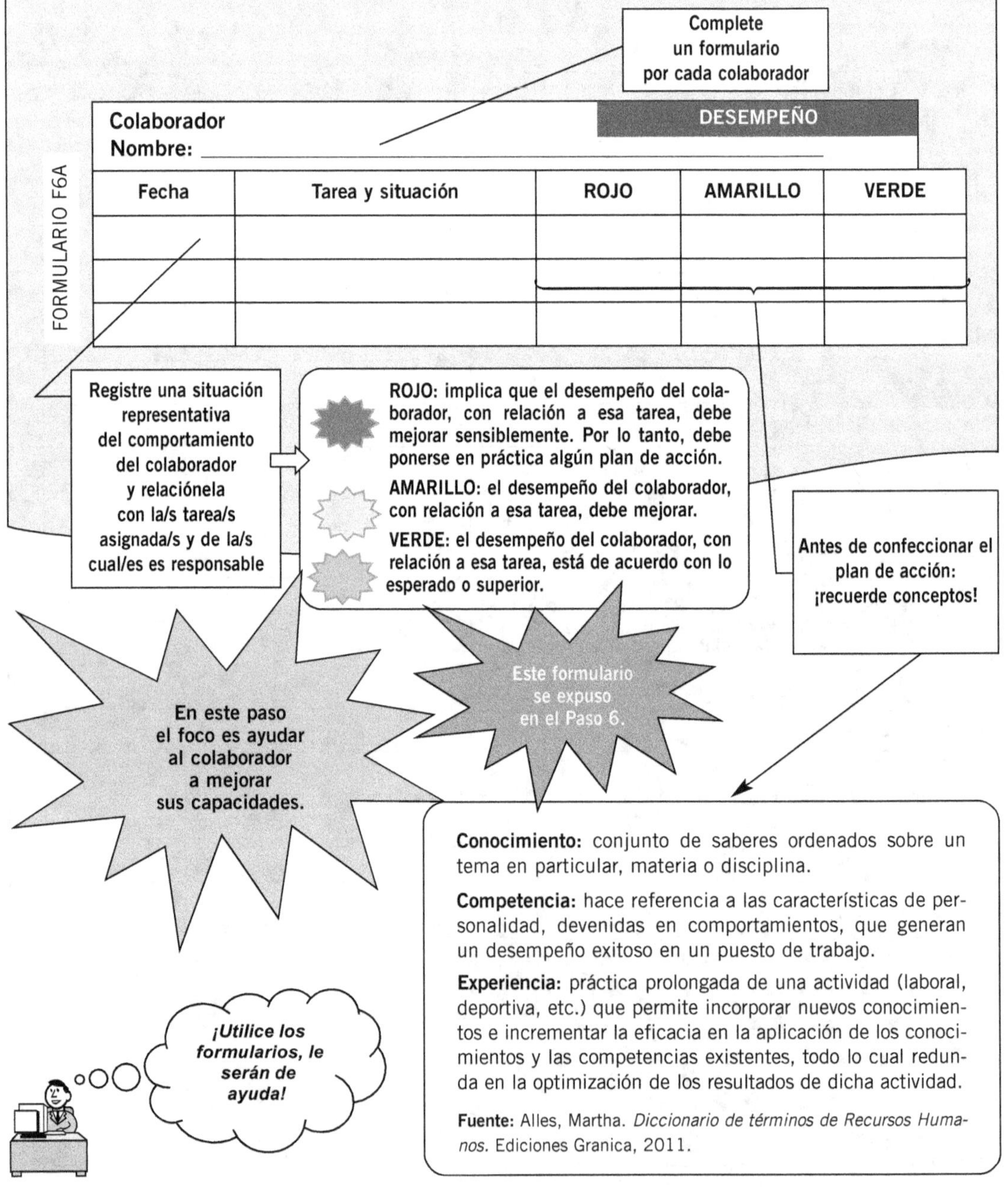

Formulario sugerido. Paso 9 - F6B

FORMULARIO F6B

| Colaborador Nombre: | ACCIONES |

DESEMPEÑO ROJO

Fecha	Acciones sugeridas	Fecha	Acciones realizadas

DESEMPEÑO AMARILLO

Fecha	Acciones sugeridas	Fecha	Acciones realizadas

DESEMPEÑO VERDE

Fecha	Acciones sugeridas	Fecha	Acciones realizadas

Consejos y sugerencias sobre el formulario F6B

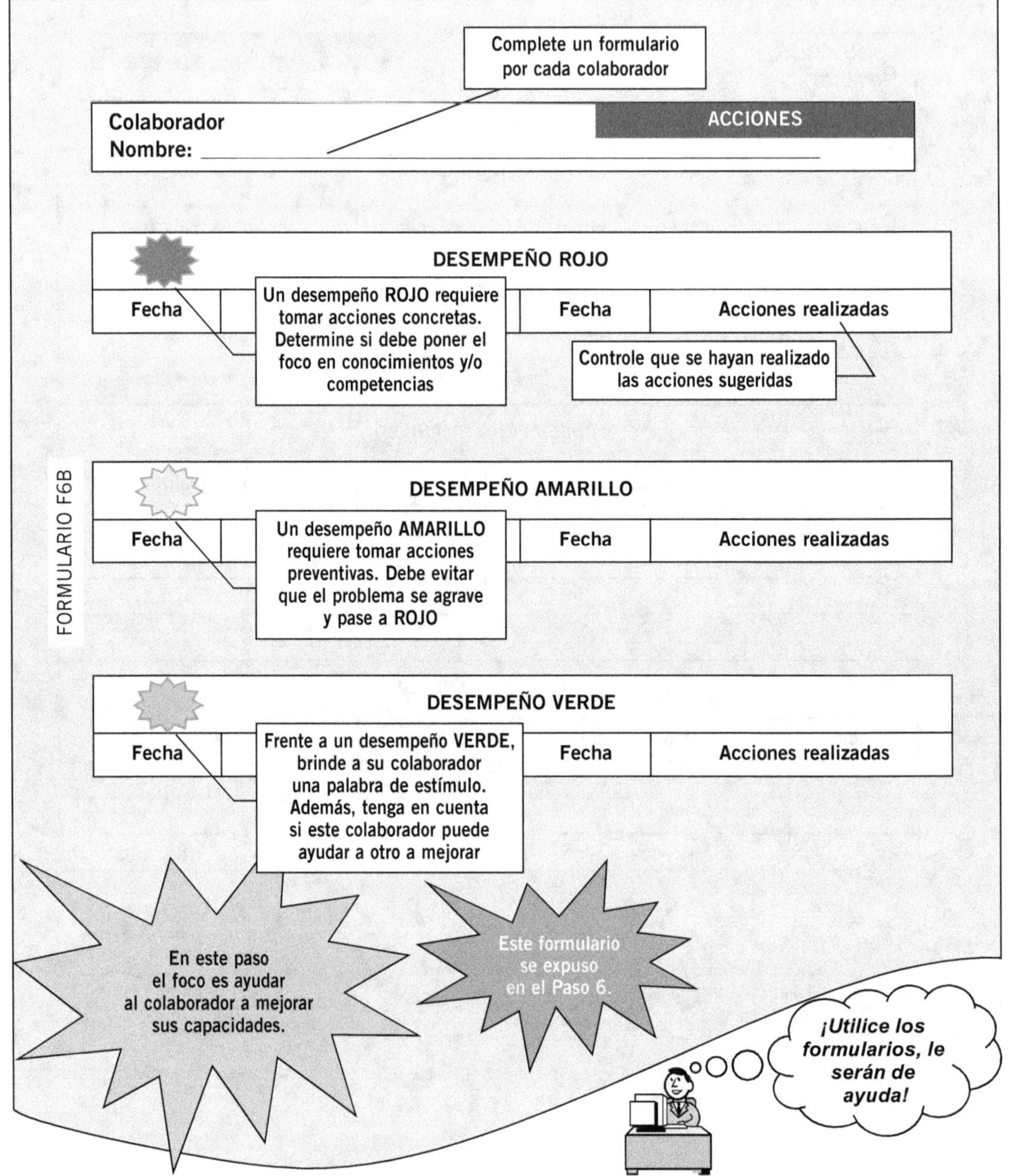

Paso 10: Comparta conocimientos

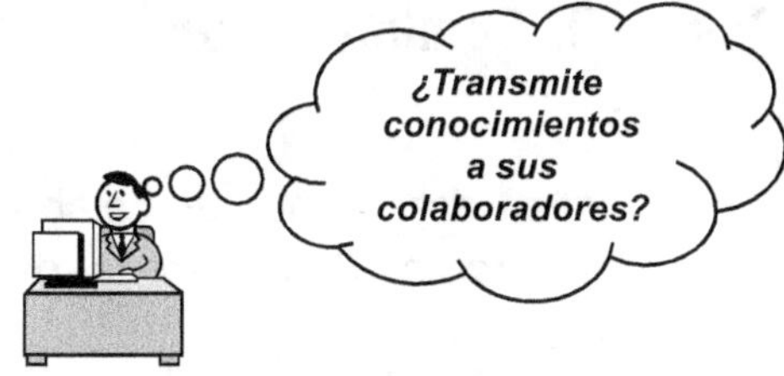

Una forma de asegurarse que su colaborador posee las capacidades necesarias para realizar una tarea es brindar, junto con las instrucciones prácticas para realizarla, alguna breve explicación de los conocimientos relacionados. Por lo tanto, siempre que sea necesario, un jefe debe transmitir conocimientos a sus colaboradores.

Una vez que le haya brindado al colaborador tanto las instrucciones como los conocimientos relacionados, usted deberá asegurarse de que este los ha comprendido adecuadamente.

Muchos jefes se cuestionan acerca de compartir o no conocimientos con otras personas, en especial colaboradores, ante el temor –en ocasiones fundado– del mal uso que estos puedan hacer de esos conocimientos.

Frente a este cuestionamiento deben tenerse en cuenta dos posibles escenarios: 1) Si realmente usted duda sobre la ética de sus colaboradores, el problema a enfrentar es más serio que el relacionado con este paso (compartir conocimientos) y deberá analizarlo con seriedad –llegado el caso, consultar con sus superiores–. 2) Si solo son temores sin un fundamento preciso, le sugiero que vea el asunto con otra perspectiva. Un jefe crece cuando su colaborador crece y, para que esto segundo ocurra, el colaborador debe aprender a realizar tareas más complejas y de mayor responsabilidad. Por lo tanto, el crecimiento del colaborador es bueno para ambos, también para usted como jefe. Si son solo temores, ¡vénzalos!

Por último, tenga en cuenta que no debe "presumir" de sus conocimientos, solo compartirlos para una mejor consecución de los resultados, tanto suyos como del área a su cargo y de sus colaboradores.

Recuerde conceptos

Conocimiento: conjunto de saberes ordenados sobre un tema en particular, materia o disciplina.

Experiencia: práctica prolongada de una actividad (laboral, deportiva, etc.) que permite incorporar nuevos conocimientos e incrementar la eficacia en la aplicación de los conocimientos y las competencias existentes, todo lo cual redunda en la optimización de los resultados de dicha actividad.

Fuente: Alles, Martha. *Diccionario de términos de Recursos Humanos.* Ediciones Granica, 2011.

Paso 10: Comparta conocimientos

Si usted desea que sus colaboradores realicen las tareas encomendadas de acuerdo con lo esperado, debe comenzar por compartir conocimientos y experiencias relacionados.

Como se vio en la página anterior, un jefe entrenador comparte con sus colaboradores los conocimientos necesarios en relación con las tareas y responsabilidades delegadas.

Como un complemento de este paso, se le sugiere llevar un registro de los conocimientos y competencias necesarios para realizar ciertas tareas, en especial las complejas, así como experiencias pasadas que puedan ser útiles para el aprendizaje de sus colaboradores. Vea el formulario F10A (Guía de entrenamiento) en las páginas siguientes y comentarios de la pág. 143.

Recuerde

Los mejores jefes no son los complacientes sino aquellos que nos han dejado enseñanzas, aun cuando en una primera instancia parecían ser los más exigentes.

Para ser un jefe recordado usted debe ser un jefe entrenador. En este paso le recomendamos compartir conocimientos como uno de los aspectos para transformarse en un jefe entrenador.

NOTAS

Paso 10: Comparta conocimientos

Cuando usted explica cómo hacer las tareas debe transmitir conocimientos como una forma de complementar las instrucciones. Al hacerlo, ¡póngase en el lugar del otro!

La forma ideal de transmitir conocimientos es asociándolos a una tarea o responsabilidad.

Usted podrá hacerlo en cualquier otro momento y circunstancia. Siempre será útil. No obstante, será imprescindible explicar las tareas junto con algunos conocimientos para su mejor realización.

Si su colaborador tiene dificultades o el tema es nuevo y/o complejo, téngalo en cuenta. Quizás a usted pueda parecerle sencillo y no ser así para la otra persona.

Recuerde

Para explicar conocimientos comience por el principio y, al final, realice un resumen. Por último, formule alguna pregunta para determinar el grado de comprensión por parte de su colaborador.

NOTAS

Paso 10: Comparta conocimientos

Complemente sus indicaciones relatando experiencias pasadas, positivas o negativas, en relación con las tareas de cada uno. Las anécdotas enriquecen el aprendizaje.

Una frase sumamente difundida dice que la experiencia no puede ser transmitida. Sin embargo, las experiencias y anécdotas pueden ser de mucha utilidad para el aprendizaje de un conocimiento y/o el desarrollo de una competencia.

En páginas anteriores le hemos sugerido la confección de la *Guía de entrenamiento* (vea el formulario F10A). Allí podrá registrar anécdotas y experiencias en torno a los distintos conocimientos y competencias para, luego, utilizarlas en el momento que deba delegar una nueva tarea o transmitir conocimientos a un colaborador.

Recuerde

El aprendizaje es un tema complejo, en especial cuando se debe "desaprender" un tema para aprenderlo de otra forma, dejar de hacer algo de una manera para comenzar a hacerlo de otra, y situaciones similares.

Muchas personas, cuando se les explica un nuevo concepto, realizan, en el mismo momento, un paralelo con otros conocimientos que ya poseen. Esta forma de recibir un nuevo conocimiento dificulta el aprendizaje.

NOTAS

Paso 10: Comparta conocimientos

Aliente a sus colaboradores con mayor experiencia y antigüedad en la organización a que compartan experiencias y conocimientos con sus compañeros de trabajo.

En las páginas anteriores le hemos dado sugerencias para que usted transmita conocimientos a sus colaboradores.

Aconseje en esa misma dirección a otras personas dentro de su equipo de trabajo. Incite a compartir conocimientos y experiencias pasadas como una forma de aprendizaje.

Recuerde

Se puede crecer día a día desde los dos roles, el de jefe y el de colaborador. El aprendizaje es en ambas direcciones.

Recuerde conceptos

Espiral creciente: es un proceso mediante el cual una persona adquiere y/o perfecciona de manera progresiva sus competencias y conocimientos para tener éxito en sus puestos de trabajo.

Fuente: Alles, Martha. *Diccionario de términos de Recursos Humanos.* Ediciones Granica, 2011.

NOTAS

Paso 10: Comparta conocimientos

Todo jefe debe compartir conocimientos con sus colaboradores; es parte de su rol. ¡Sea un ejemplo! Si a usted le reportan colaboradores que a su vez son jefes, aliéntelos a obrar del mismo modo.

Nos hemos referido en varias ocasiones al jefe que cuenta entre sus colaboradores a jefes de otras personas. El aprendizaje debe verificarse, en estos casos, en cascada. Usted desarrolla sus capacidades como jefe entrenador y luego ayuda a sus colaboradores que son jefes a que ellos también lo sean.

Un jefe entrenador comparte conocimientos y usted debe transmitir esta capacidad a sus colaboradores para que ellos realicen acciones similares en relación con sus respectivos equipos de trabajo.

Recuerde

Sus colaboradores estarán más atentos a los comportamientos que usted evidencie que a sus dichos. Por lo tanto, no alcanza con que usted les diga que hagan tal o cual cosa: deberá dar el ejemplo. Si usted desea que en su área o sector se compartan conocimientos debe comenzar por ser un ejemplo al respecto.

NOTAS

Paso 10: Comparta conocimientos

AUTOEVALUACIÓN

Analice sus comportamientos cuando sus colaboradores tienen dudas, lo consultan sobre algún tema o usted detecta que, aunque no le pregunten, ellos deberían conocer más respecto de alguna cuestión en particular. ¿Les explica sobre los diferentes aspectos relacionados? ¿Comparte sus conocimientos con ellos, sus libros y materiales de tipo técnico, según corresponda, o, por el contrario, deja que ellos adquieran conocimientos por su cuenta o resuelvan la situación consultando a otra persona?

Reflexión

....
....
....
....
....

Plan de acción para mejorar

....
....
....
....
....
....

Paso 10: Comparta conocimientos

Check-list acerca de compartir conocimientos

¿Cuál es su comportamiento en relación con sus colaboradores?	Sí	No
Cuando delega una nueva tarea, además de las explicaciones pertinentes, ¿transmite los conocimientos relacionados?		
Cuando explica un conocimiento nuevo y/o complejo, ¿se pone en el lugar del otro?		
¿Comparte con sus colaboradores experiencias pasadas con el propósito de apoyar la adquisición de nuevos conocimientos?		
¿Comparte con sus colaboradores libros o materiales relacionados con las tareas del área o sector?		
¿Alienta a sus colaboradores a transmitir conocimientos a sus compañeros o a sus propios colaboradores, según corresponda?		
¿Se considera un referente en materia de compartir conocimientos?		

La respuesta más adecuada a estas preguntas es "Sí". Si usted eligió "No", revise sus comportamientos, relea las sugerencias de esta obra y, si desea profundizar aún más sobre el tema, al pie de esta página encontrará lecturas adicionales sugeridas.

Reflexiones sobre el *check-list*

....

....

....

....

....

....

....

Bibliografía sugerida

- Alles, Martha. *Codesarrollo. Una nueva forma de aprendizaje.* Ediciones Granica, 2009.
- Alles, Martha. *Diccionario de comportamientos. La Trilogía. Tomo 2.* Ediciones Granica, 2015.
- Kouzes, James M. y Posner, Barry. *Brindar aliento.* Ediciones Granica, 2007.

Paso 10: Comparta conocimientos

El Paso 10 se abre en los siguientes subpasos que usted ha analizado en las páginas anteriores.

PASO 10: Comparta conocimientos

- Si usted desea que sus colaboradores realicen las tareas encomendadas de acuerdo con lo esperado, debe comenzar por compartir conocimientos y experiencias relacionados.

- Cuando usted explica cómo hacer las tareas debe transmitir conocimientos como una forma de complementar las instrucciones. Al hacerlo, ¡póngase en el lugar del otro!

- Complemente sus indicaciones relatando experiencias pasadas, positivas o negativas, en relación con las tareas de cada uno. Las anécdotas enriquecen el aprendizaje.

- Aliente a sus colaboradores con mayor experiencia y antigüedad en la organización a compartir experiencias y conocimientos con sus compañeros de trabajo.

- Todo jefe debe compartir conocimientos con sus colaboradores: es parte de su rol. ¡Sea un ejemplo! Si a usted le reportan colaboradores que a su vez son jefes, aliéntelos a obrar del mismo modo.

Para realizar adecuadamente todas las instancias descritas anteriormente, le será de gran ayuda tener "a mano" un listado de los conocimientos necesarios para realizar todas las tareas de su área o sector, o al menos las más relevantes o aquellas que requieran conocimientos más difíciles de encontrar. Para ello le sugerimos el formulario F10A, *Guía de entrenamiento,* que se expone en la página siguiente. La guía de entrenamiento le servirá para tener presente los conocimientos necesarios y, en especial, para llevar un registro de otros temas relacionados, lo que le será de gran utilidad a la hora de apoyar a sus colaboradores en su crecimiento.

Pasos a seguir para confeccionar la *Guía de entrenamiento:*

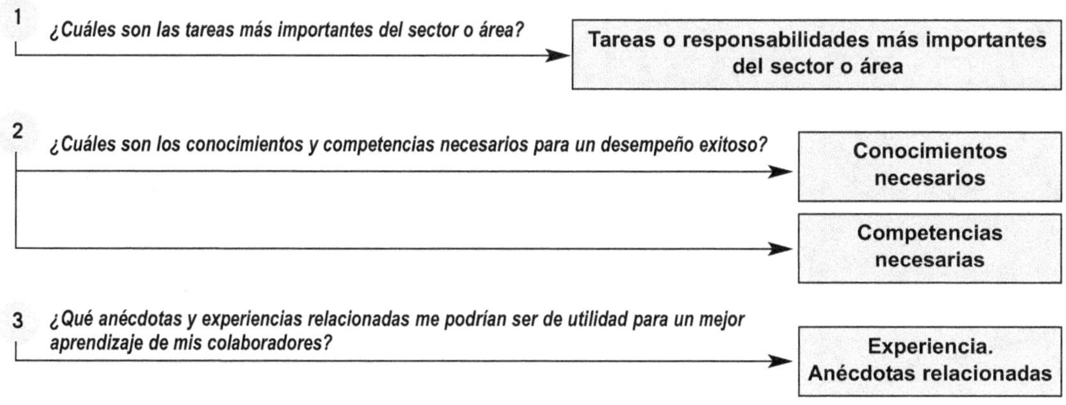

Formulario sugerido. Paso 10 - F10A

GUÍA DE ENTRENAMIENTO

Tareas o responsabilidades más importantes del sector o área	Conocimientos necesarios	Competencias necesarias	Experiencia. Anécdotas relacionadas

FORMULARIO F10A

Consejos y sugerencias sobre el formulario F10A

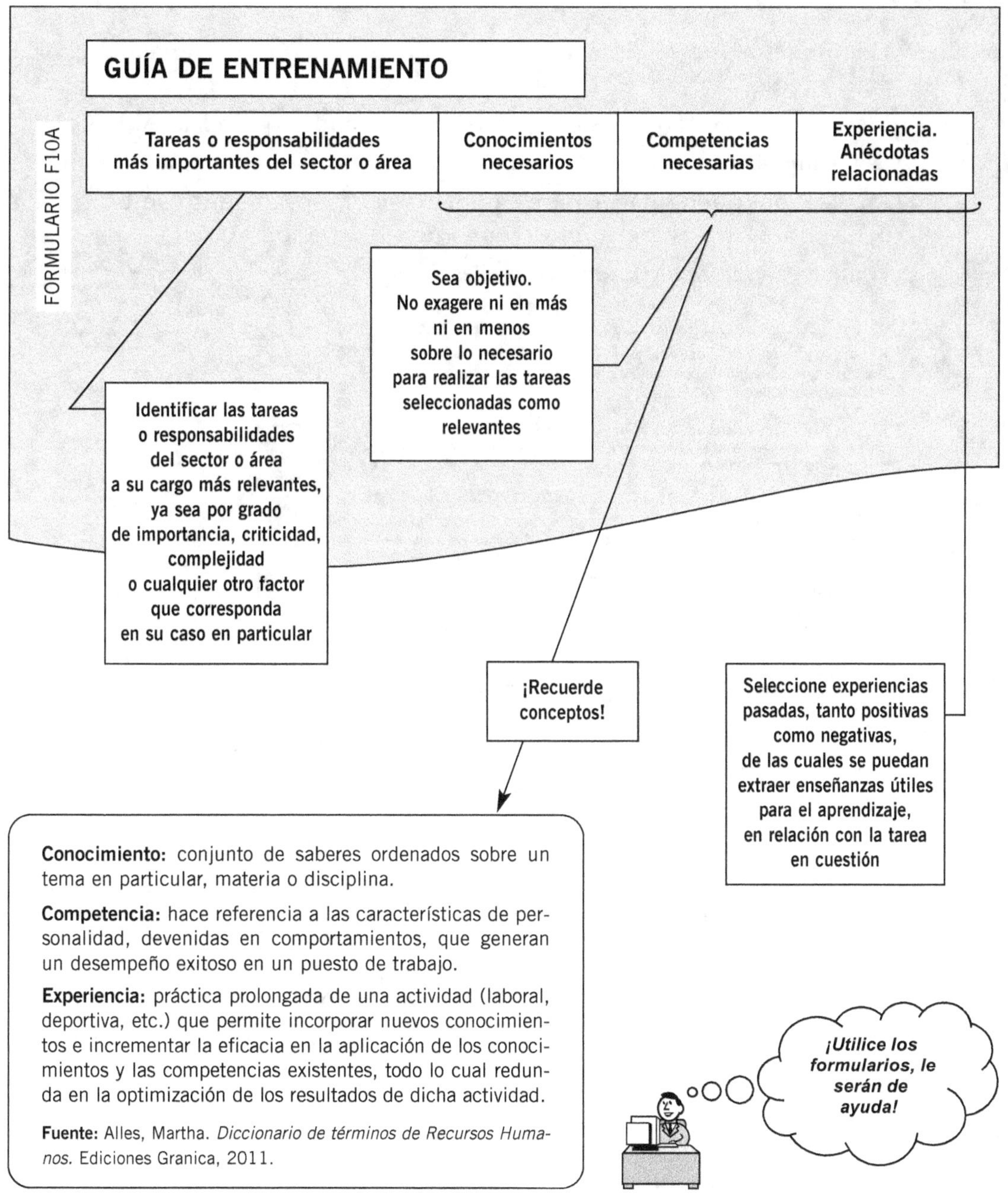

Desarrolle la competencia *Entrenador*

Ejercicio 5

Lea atentamente las frases comenzando por la última, señalada con la palabra "No"

Identifique las diferencias entre los distintos grados o niveles (A, B, C, D)

Determine con cuál de estas frases asocia su comportamiento más frecuente

Analice qué puede hacer para cambiar su comportamiento y ubicarse en el nivel superior al identificado en el punto anterior

Realice este ejercicio cada dos meses

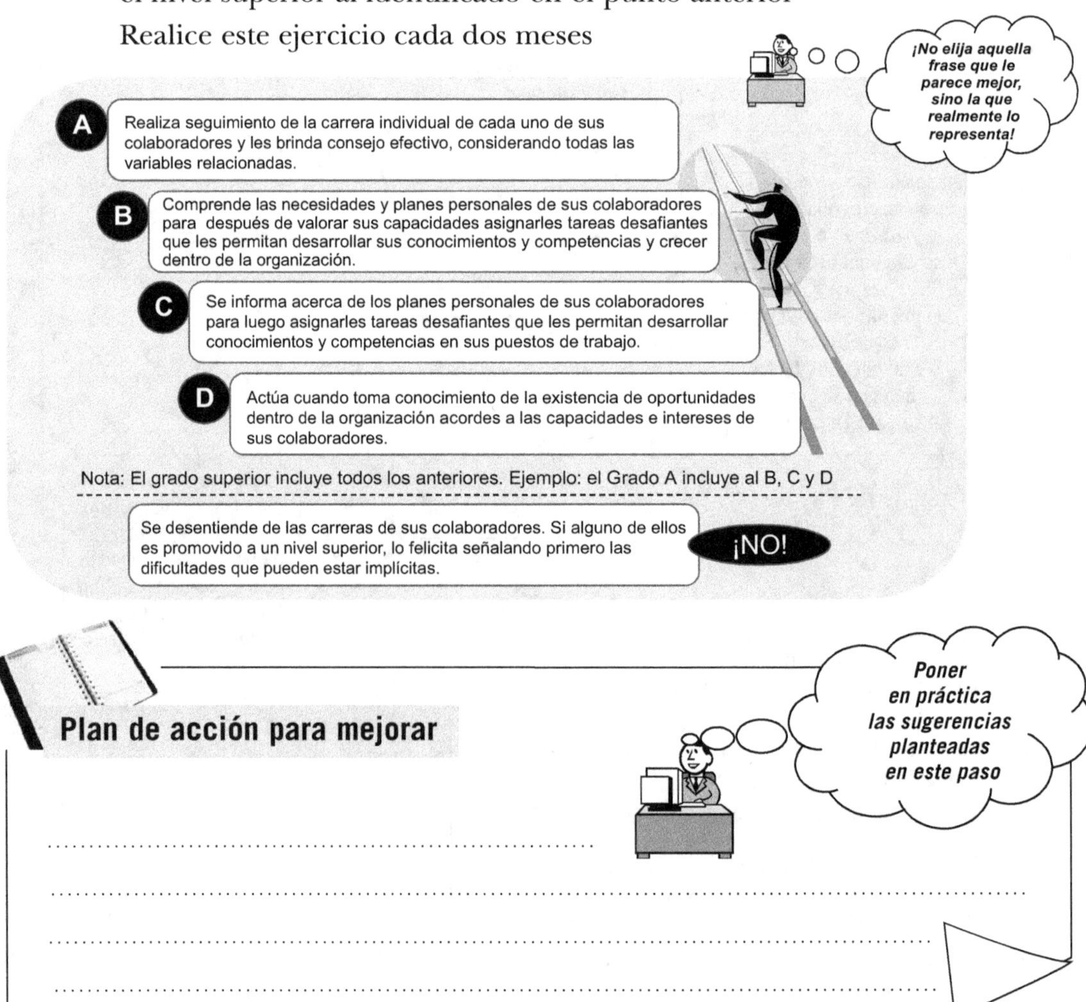

Paso 11: Sea un modelo a seguir en relación con las competencias organizacionales

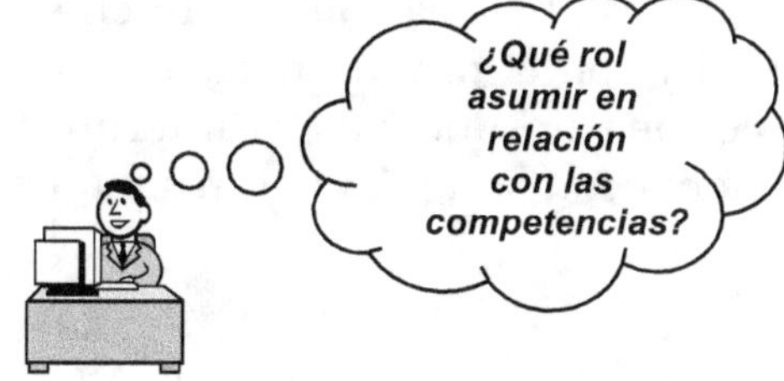

Si su organización ha definido un modelo de competencias tenga en cuenta que no es algo opcional o que usted puede tomar en cuenta o no. Por el contrario, usted deberá ponerlo en práctica. Realizada esta aclaración inicial, usted podrá asumir dos roles diferentes: limitarse a cumplir con lo solicitado por sus superiores o ser un modelo a seguir en relación con las competencias organizacionales.

En las páginas siguientes encontrará algún tipo de información que deberá conocer al respecto. Además, infórmese sobre el modelo de su organización.

Una vez que tenga en sus manos el modelo de competencias organizacional, vea los formularios que se exponen en las páginas siguientes: F11A, F11B y F11C. Usted debería poder completarlos. En caso contrario, consulte con su jefe o el responsable de Recursos Humanos.

Los formularios F11B y F11C están pensados en relación con sus colaboradores. Antes de completarlos en función del comportamiento de ellos, llénelos en función de sus propios comportamientos. Recuerde que para convertirse en un referente para su equipo en materia de competencias usted deberá evidenciarlas a partir de sus comportamientos.

Al confeccionar el formulario F11B tenga en cuenta el grado de competencia requerido por cada puesto de trabajo. En ocasiones el grado mínimo es el adecuado para ese puesto de trabajo en particular. En relación con el F11C, ¡realice seguimiento!

Las organizaciones definen su modelo de competencias para una mejor gestión y con el propósito de alcanzar sus objetivos específicos. Usualmente se confecciona un documento interno denominado *Diccionario de competencias,* el cual cuenta con la siguiente estructura.

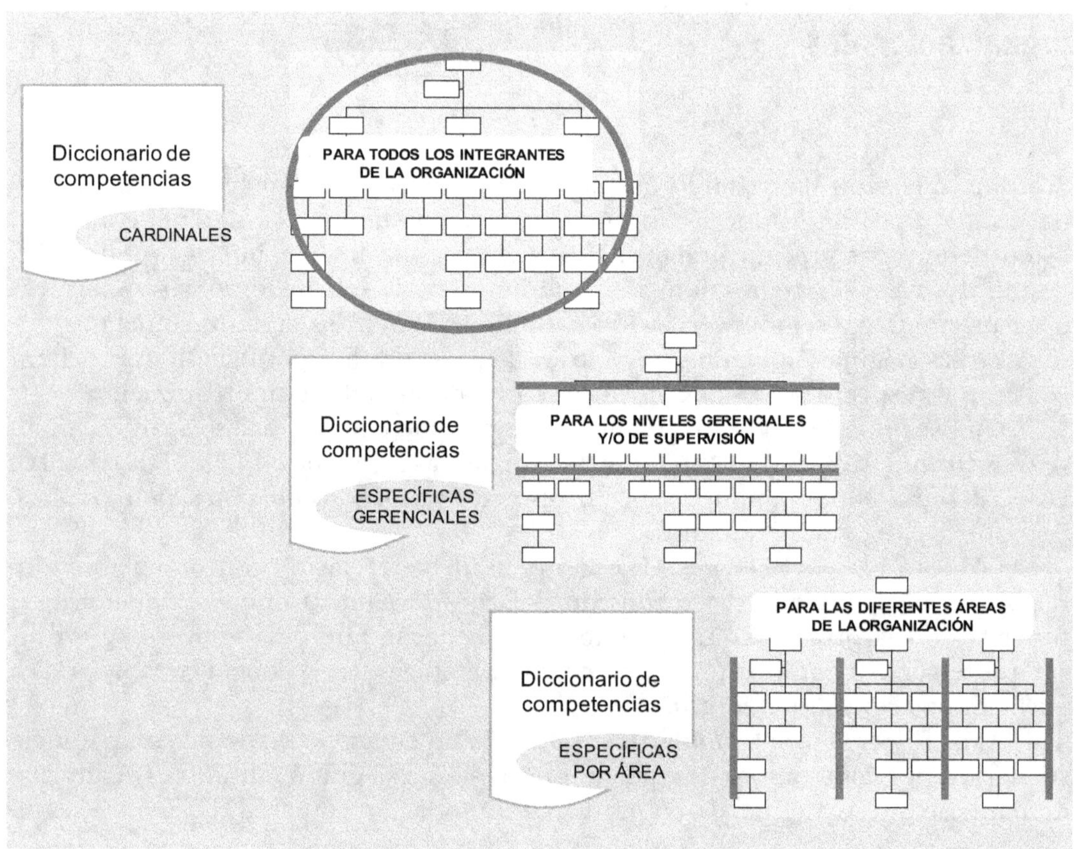

Recuerde conceptos

Modelo de competencias: conjunto de procesos relacionados con las personas que integran la organización y que tienen como propósito alinearlas en pos de los objetivos organizacionales o empresariales.

Competencia: hace referencia a las características de personalidad, devenidas en comportamientos, que generan un desempeño exitoso en un puesto de trabajo.

Competencia cardinal: competencia aplicable a todos los integrantes de la organización. Representan su esencia y permiten alcanzar la visión organizacional.

Competencia específica: competencia aplicable a colectivos específicos, por ejemplo, un área de la organización o un cierto nivel, como el gerencial.

Fuente: Alles, Martha. *Diccionario de términos de Recursos Humanos.* Ediciones Granica, 2011.

Una vez que se ha definido el modelo de competencias en función de la misión, visión, valores y estrategia de la organización, las competencias se asignan a las áreas y dentro de estas a los diferentes puestos que la conforman.

En el gráfico siguiente se pueden observar las competencias cardinales y específicas de un área en particular. Para el ejemplo se ha elegido la de Recursos Humanos; solo se expone una cantidad reducida de competencias a modo de ilustración.

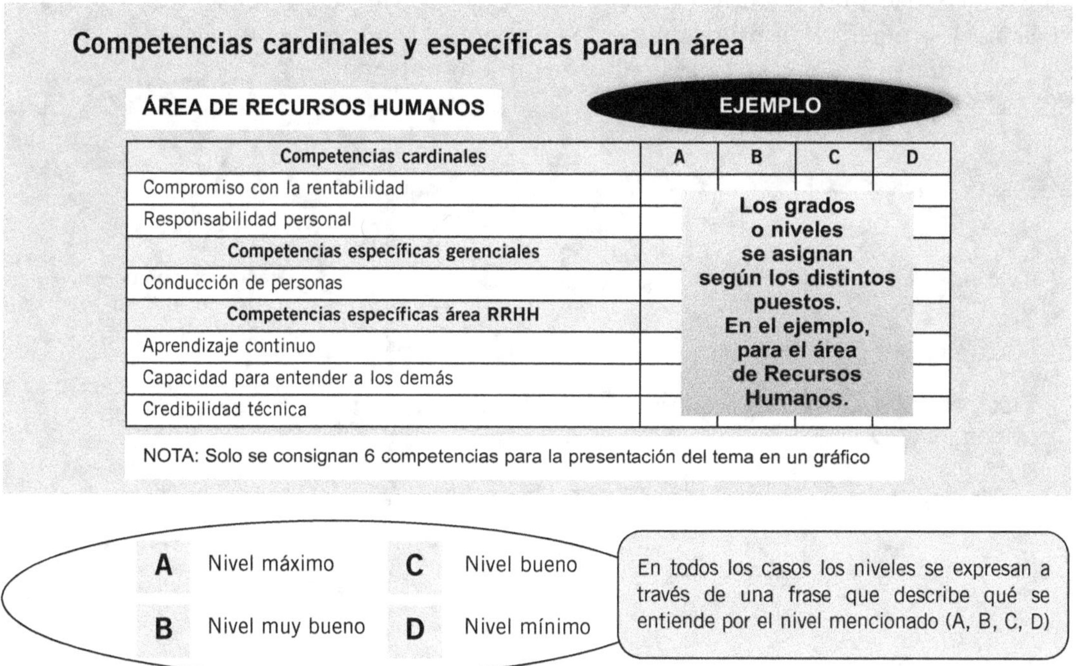

Competencias cardinales y específicas para un área

ÁREA DE RECURSOS HUMANOS — EJEMPLO

Competencias cardinales	A	B	C	D
Compromiso con la rentabilidad				
Responsabilidad personal				
Competencias específicas gerenciales				
Conducción de personas				
Competencias específicas área RRHH				
Aprendizaje continuo				
Capacidad para entender a los demás				
Credibilidad técnica				

NOTA: Solo se consignan 6 competencias para la presentación del tema en un gráfico

A Nivel máximo **C** Nivel bueno

B Nivel muy bueno **D** Nivel mínimo

En todos los casos los niveles se expresan a través de una frase que describe qué se entiende por el nivel mencionado (A, B, C, D)

El diseño del modelo de competencias se completa con la asignación de niveles o grados a los diferentes puestos. Continuando con el ejemplo anterior, la asignación puede visualizarse en las dos figuras siguientes.

ÁREA DE RECURSOS HUMANOS
PUESTO GERENTE DE RRHH

Competencias cardinales	A	B	C	D
Compromiso con la rentabilidad	X			
Responsabilidad personal	X			
Competencias específicas gerenciales				
Conducción de personas		X		
Competencias específicas área RRHH				
Aprendizaje continuo		X		
Capacidad para entender a los demás	X			
Credibilidad técnica	X			

ÁREA DE RECURSOS HUMANOS
PUESTO JEFE DE EMPLEOS

Competencias cardinales	A	B	C	D
Compromiso con la rentabilidad		X		
Responsabilidad personal			X	
Competencias específicas gerenciales				
Conducción de personas				X
Competencias específicas área RRHH				
Aprendizaje continuo		X		
Capacidad para entender a los demás	X			
Credibilidad técnica		X		

Usted debe utilizar el *Diccionario de comportamientos* de su organización. De no contar con este tipo de documentos internos, podrá utilizar un libro de tipo estándar como es la obra *Diccionario de comportamientos. La Trilogía. Tomo 2*, publicado por Ediciones Granica y ya mencionado.

Usualmente las competencias se clasifican según el gráfico siguiente. Asimismo, le sugerimos recordar que para desempeñar cualquier puesto de trabajo es necesario poseer tanto conocimientos como competencias, siendo estas últimas las que permitirán un desempeño superior.

¡Recuerde estos conceptos para ser un jefe entrenador!

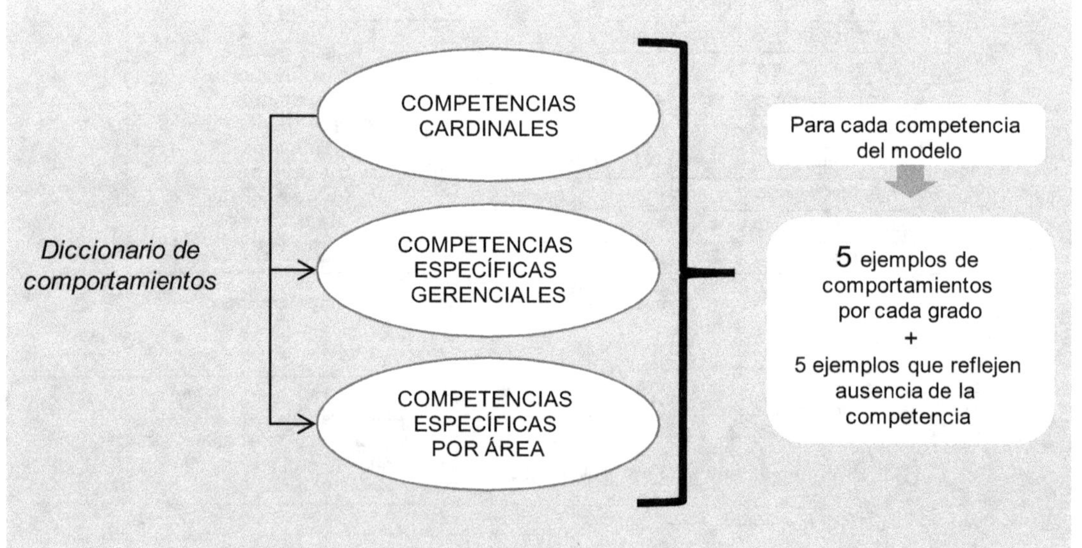

Recuerde conceptos

Conocimiento: conjunto de saberes ordenados sobre un tema en particular, materia o disciplina.

Competencia: hace referencia a las características de personalidad, devenidas en comportamientos, que generan un desempeño exitoso en un puesto de trabajo.

Experiencia: práctica prolongada de una actividad (laboral, deportiva, etc.) que permite incorporar nuevos conocimientos e incrementar la eficacia en la aplicación de los conocimientos y las competencias existentes, todo lo cual redunda en la optimización de los resultados de dicha actividad.

Fuente: Alles, Martha. *Diccionario de términos de Recursos Humanos*. Ediciones Granica, 2011.

Paso 11: Sea un modelo a seguir en relación con las competencias organizacionales

> ¿Conoce en profundidad las competencias de su organización? ¿Y las de su área de trabajo? Si las conoce, profundice aún más los conceptos. Si no las conoce o no está seguro al respecto, ¡infórmese! Pregunte a sus superiores.

En páginas anteriores le hemos sugerido informarse y conocer a fondo el modelo de competencias de su organización. Usted deberá conocer las competencias requeridas para la organización en su conjunto y, muy especialmente, para su área en particular. Utilice el formulario F11A.

Si en su empresa no han definido competencias, usted podrá seguir igualmente este paso a partir de identificar las más importantes según su propio juicio al respecto. Además, podrá consultar a su jefe y/o al área de Recursos Humanos, si su organización cuenta con este tipo de estructura.

Recuerde

Si se ha definido un modelo de competencias, usted deberá no solo utilizarlo sino convertirse en un referente de su aplicación.

Si no se ha definido un modelo de competencias, piense que se trata de una de las buenas prácticas organizacionales, por lo cual podrá proponerlo a sus superiores o implantarlo, si usted posee el nivel de autoridad correspondiente.

NOTAS

....

....

....

....

....

....

Paso 11: Sea un modelo a seguir en relación con las competencias organizacionales

Todas las competencias pueden desarrollarse. ¿Usted realiza alguna acción para desarrollar las suyas? ¡Sea proactivo! El desarrollo de competencias es para su propio crecimiento personal y ellas le serán de utilidad en todos los aspectos de su vida.

Existen prejuicios sobre el desarrollo de competencias. Incluso algunos llegan a sostener que dicho desarrollo no es posible. No se sume a este enfoque negativo. No le será de ayuda.

Por el contrario, tenga en cuenta que todas las competencias pueden desarrollarse. Que siempre es posible crecer.

Ante todo debe tenerse en cuenta que el desarrollo depende –en última instancia– del propio interesado. Es un proceso que comienza cuando una persona reconoce que posee una brecha y desea superarla o reducirla.

Recuerde

Para ser un referente en materia de competencias debe comenzar por el desarrollo de las propias. ¿Se autoevalúa? ¿Practica el autodesarrollo? ¡Comience dando el ejemplo!

NOTAS

Paso 11: Sea un modelo a seguir en relación con las competencias organizacionales

En su rol de jefe se espera que usted sea un modelo a seguir por otros en materia de competencias organizacionales. ¿Cómo son sus comportamientos en relación con las competencias? ¿No está seguro al respecto? ¡Reflexione! ¡Pregúntele a su superior!

Le hemos sugerido interiorizarse sobre el *Diccionario de comportamientos* organizacional. ¿Cuáles son sus comportamientos? ¿Los comparó con los ejemplos del diccionario y, a su vez, dentro de él, con el grado requerido de cada competencia para su puesto de trabajo?

¡Comience por analizar objetivamente su propio desempeño! Puede utilizar los formularios que se incluyen a continuación; primero complete el F11B y luego, en especial si detectó brechas entre sus comportamientos y lo requerido, complete el F11C. Si sobre alguna competencia no sabe cómo actuar, puede preguntarle al responsable de Recursos Humanos: quizás la organización ya cuente con material de ayuda al respecto.

Recuerde

¡Sea proactivo en materia de competencias y evalúese objetivamente!

¡Pregúntele a su jefe cómo lo evalúa en materia de competencias! Véalo como una oportunidad de crecimiento personal, más allá del ámbito laboral.

NOTAS

....

....

....

....

....

....

Paso 11: Sea un modelo a seguir en relación con las competencias organizacionales

En su opinión, ¿sus comportamientos en relación con las competencias organizacionales son los adecuados según su puesto de trabajo? Si cree que sí, analícelo para estar seguro. Si cree que no, determine las causas.

Los modelos de competencias se definen a medida de cada organización. Quizás usted participó en su definición, pero tal vez no (el modelo se definió antes de su incorporación a la empresa o cualquier otra situación). Más allá de que usted esté de acuerdo o no, será el modelo que deberá utilizar.

Si cree que su comportamiento se corresponde con lo requerido por el puesto que ocupa y aun así posee brechas entre su desempeño y lo requerido, infórmese al respecto. Debe tener en claro las razones de esa diferencia.

Si está de acuerdo con que lo requerido es lo razonable y usted debe desarrollar competencias para alcanzarlo, solicite ayuda a su jefe o al área de Recursos Humanos, si en su organización cuentan con ese tipo de estructura.

Recuerde

Siempre será bueno para usted trabajar en el desarrollo de sus competencias.

NOTAS

....

....

....

....

....

....

Paso 11: Sea un modelo a seguir en relación con las competencias organizacionales

Obtenga ayuda sobre cómo ser un modelo en materia de competencias organizacionales. Quizás ya lo es, pero siempre será una buena idea confirmarlo y, eventualmente, mejorar.

Ayude y apoye a sus colaboradores para que puedan mejorar en materia de competencias. Sea un referente organizacional al respecto.

Como vimos en páginas anteriores, comience por usted mismo. Ese conocimiento sobre cómo se achican las brechas y desarrollan las competencias organizacionales le será de gran utilidad para ayudar a sus colaboradores.

Además, si usted ha vivido la experiencia de desarrollar una competencia –o varias–, sus consejos y opiniones no serán de tipo teórico. Por el contrario, podrá hacer recomendaciones desde la certeza de que los consejos que brinda son buenos, se pueden seguir y dan resultados.

Recuerde

Comience por usted y continúe con su equipo. Sea modelo y referente.

NOTAS

....

....

....

....

....

....

Paso 11: Sea un modelo a seguir en relación con las competencias organizacionales

AUTOEVALUACIÓN

¿Conoce las competencias organizacionales? ¿Cómo se visualiza a usted mismo respecto de este tema? ¡Sea objetivo! Si tiene dudas, pregúntele a su jefe. Si piensa que su desempeño y comportamiento no son los requeridos en materia de competencias, analice qué puede hacer para mejorar.

Reflexión

....
....
....
....
....
....

Plan de acción para mejorar

....
....
....
....
....
....

Paso 11: Sea un modelo a seguir en relación con las competencias organizacionales

Check-list acerca de ser un modelo en competencias

¿Se considera a sí mismo un referente en materia de competencias?	Sí	No
¿Conoce el modelo de competencias de su organización?		
¿Considera que su comportamiento se relaciona con lo requerido para su puesto de trabajo?		
Más allá de poseer o no brechas en competencias, ¿ha encarado alguna acción para mejorar/desarrollar sus competencias?		
¿Apoya/ayuda a sus colaboradores en el desarrollo de sus competencias?		
¿Se considera un referente en materia de competencias?		
¿Sus colaboradores y/o superiores lo consideran un referente en materia de competencias?		

La respuesta más adecuada a estas preguntas es "Sí". Si usted eligió "No", revise sus comportamientos, relea las sugerencias de esta obra y, si desea profundizar aún más sobre el tema, al pie de esta página encontrará lecturas adicionales sugeridas.

Reflexiones sobre el *check-list*

....
....
....
....
....
....
....

Bibliografía sugerida

- Alles, Martha. *Desarrollo del talento humano. Basado en competencias.* Ediciones Granica, 2017.
- Alles, Martha. *Codesarrollo. Una nueva forma de aprendizaje.* Ediciones Granica, 2009.
- Alles, Martha. *Construyendo talento.* Ediciones Granica, 2016.

Formulario sugerido. Paso 11 - F11A

¿Cuáles son las competencias organizacionales y cuál es la definición de cada una?

COMPETENCIA

COMPETENCIA

COMPETENCIA

COMPETENCIA

FORMULARIO F11A

Consejos y sugerencias sobre el formulario F11A

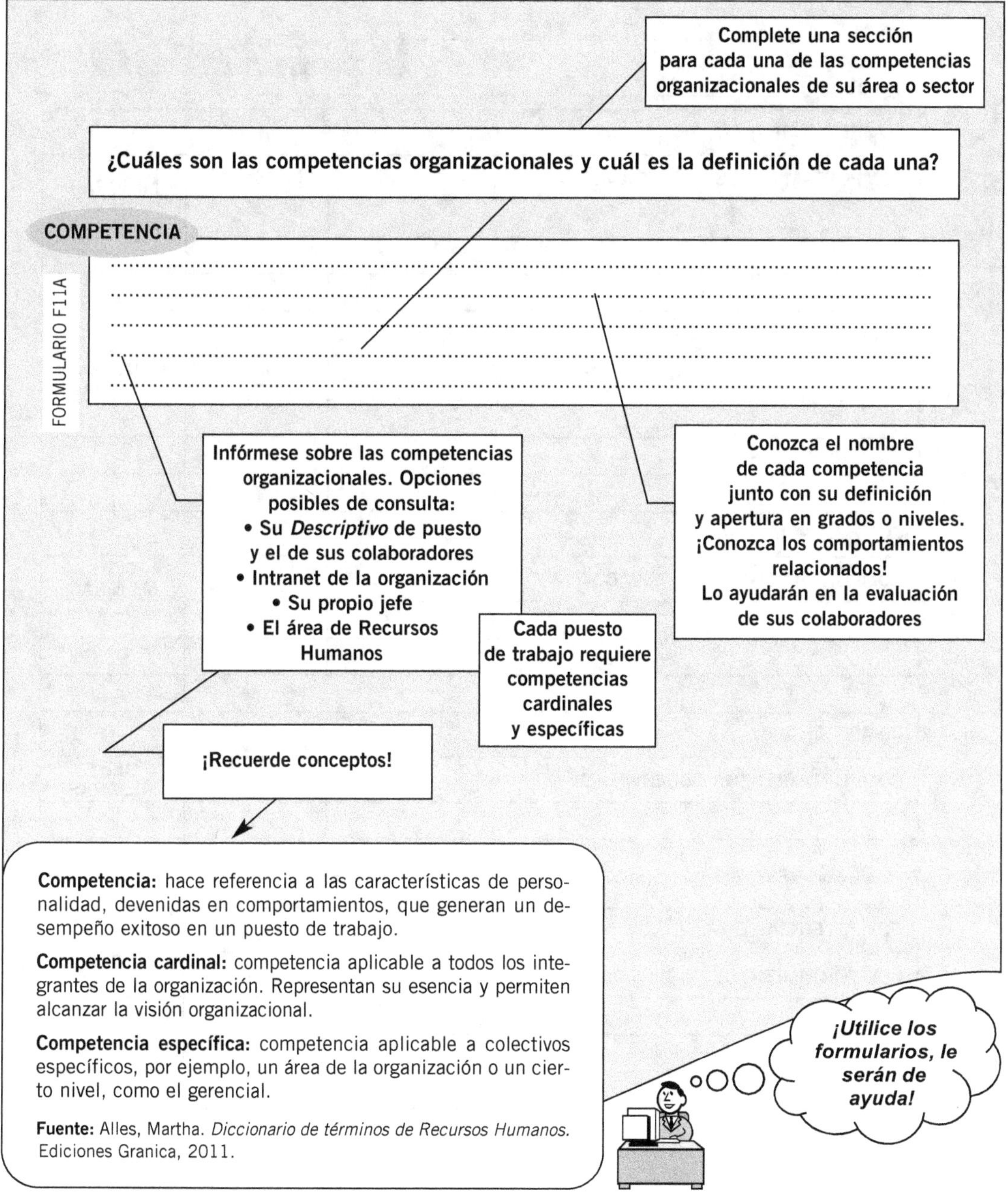

Formulario sugerido. Paso 11 - F11B

FORMULARIO F11B

Colaborador Nombre: _______________	COMPETENCIAS	
COMPETENCIA:		
COMPORTAMIENTOS OBSERVADOS	SÍ	DEBE MEJORAR
COMPETENCIA:		
COMPORTAMIENTOS OBSERVADOS	SÍ	DEBE MEJORAR
COMPETENCIA:		
COMPORTAMIENTOS OBSERVADOS	SÍ	DEBE MEJORAR
COMPETENCIA:		
COMPORTAMIENTOS OBSERVADOS	SÍ	DEBE MEJORAR
COMPETENCIA:		
COMPORTAMIENTOS OBSERVADOS	SÍ	DEBE MEJORAR

Consejos y sugerencias sobre el formulario F11B

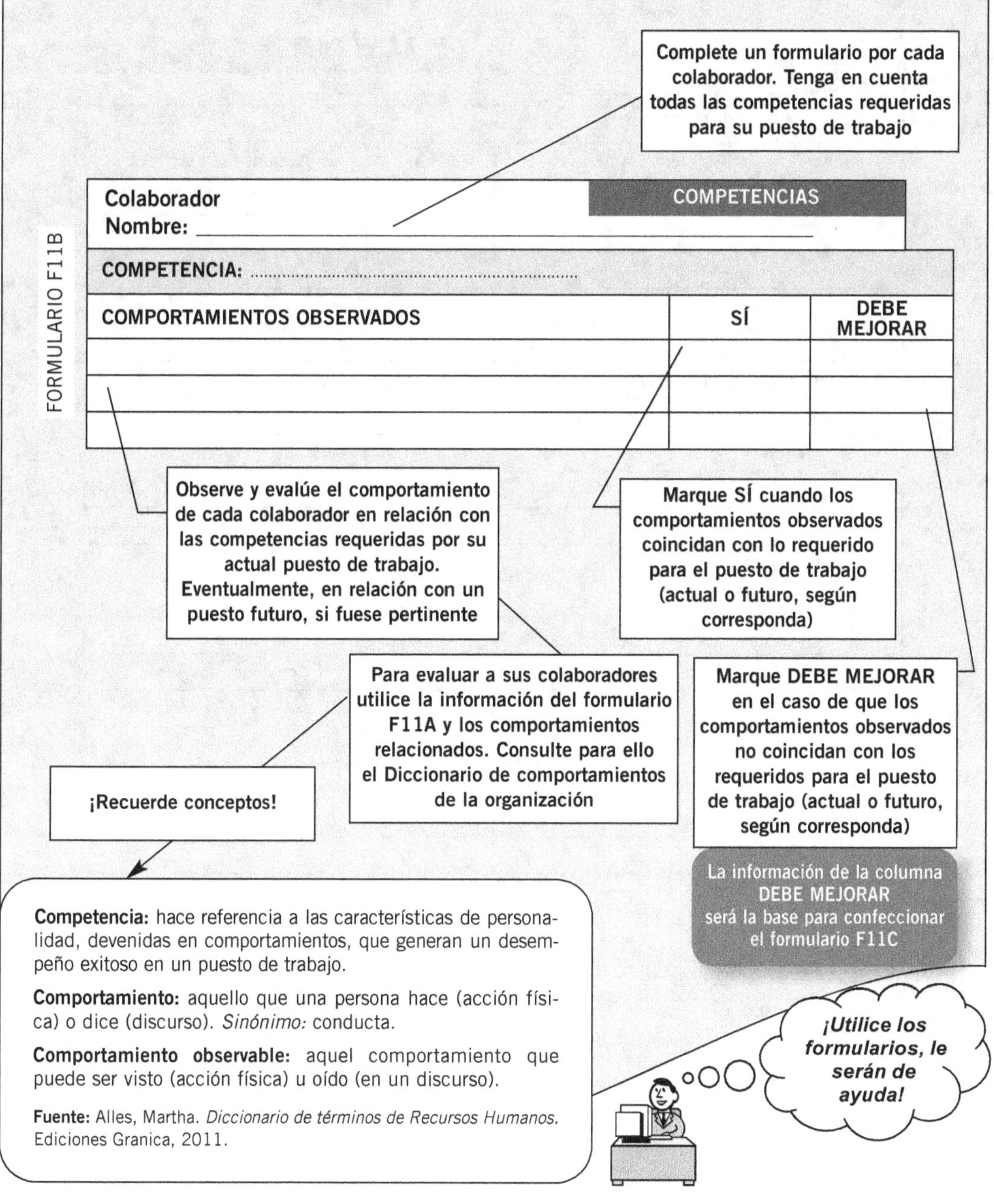

Formulario sugerido. Paso 11 - F11C

FORMULARIO F11C

Colaborador Nombre: ______________________		ACCIONES SOBRE COMPETENCIAS	

DEBE MEJORAR COMPETENCIA: ....

Fecha	Acciones sugeridas	Fecha	Acciones realizadas

DEBE MEJORAR COMPETENCIA: ....

Fecha	Acciones sugeridas	Fecha	Acciones realizadas

DEBE MEJORAR COMPETENCIA: ....

Fecha	Acciones sugeridas	Fecha	Acciones realizadas

¡Nuestra sugerencia!

Tres métodos para el desarrollo de competencias:

- **Autodesarrollo**
- **Codesarrollo**
- **Entrenamiento experto a través del programa** *Jefe entrenador*

Fuente: Alles, Martha. *Desarrollo del talento humano. Basado en competencias.* Ediciones Granica, 2017.

Consejos y sugerencias sobre el formulario F11C

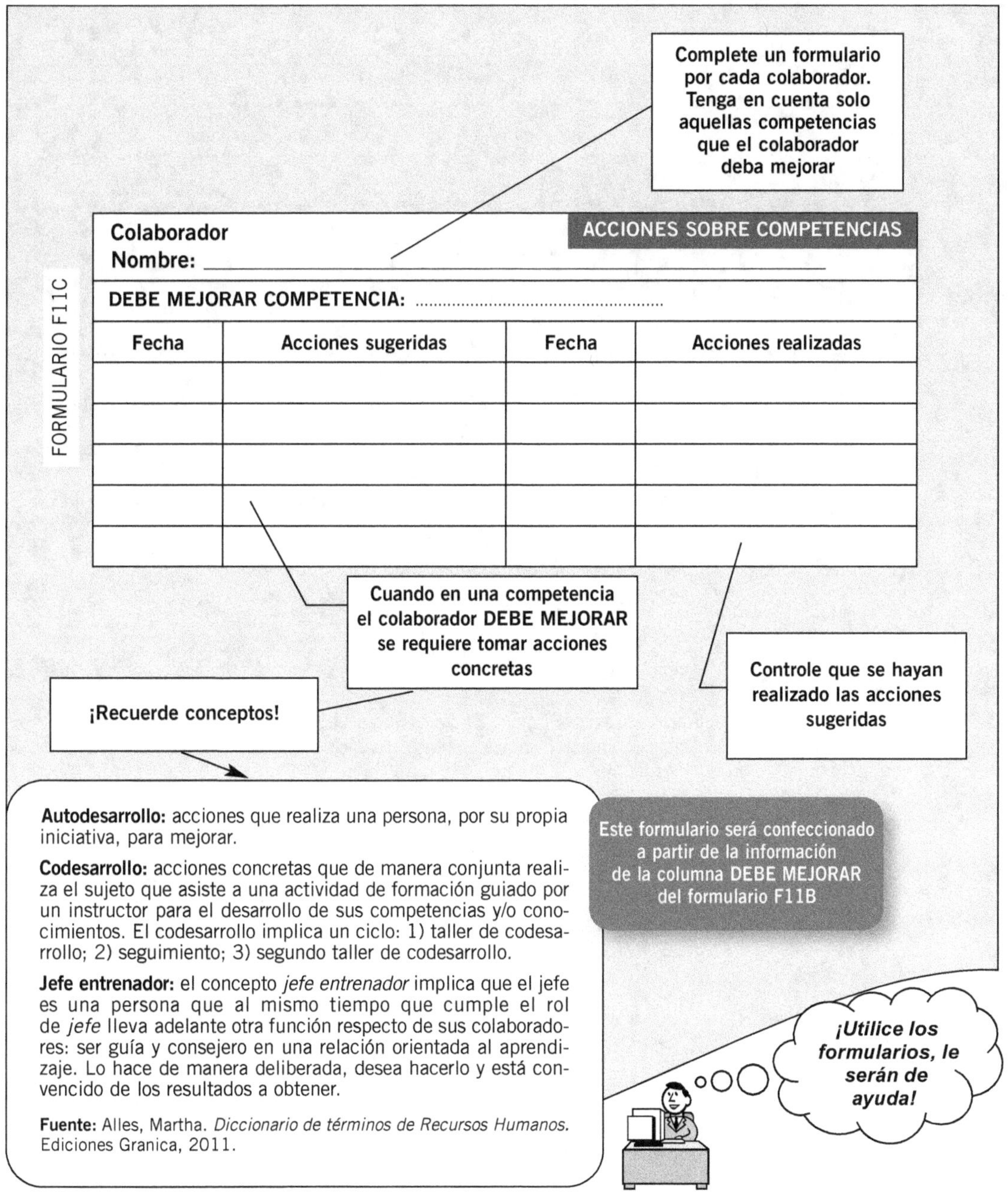

NOTAS

Paso 12: Desarrolle a su equipo a través de la delegación

Elija para las nuevas tareas a delegar a aquellos colaboradores que hayan tenido un desempeño superior al asumir responsabilidades distintas de las habituales

Un jefe entrenador delega nuevas tareas y responsabilidades a sus colaboradores como parte del proceso de crecimiento y aprendizaje.

Un colaborador que aprende podrá realizar nuevas tareas. No obstante, tenga en cuenta algunas cuestiones:

> No se deje impresionar solo por las apariencias, vea los resultados de manera concreta
>
> Realice nuevamente el análisis de las capacidades de sus colaboradores. Si tiene dudas, recuerde lo visto en el Paso 2, *Promueva el desarrollo* y revise sus notas y comentarios sobre los formularios F2A, F2B y F2C
>
> Sea muy cuidadoso en la interrelación de capacidades y tareas a delegar
>
> Si un colaborador no respondió de acuerdo con lo esperado ante otras tareas que le fueron delegadas, no lo deje de lado frente a la posibilidad de asumir nuevas responsabilidades. Reúnase con él, vea las causas de lo sucedido y analice futuros cursos de acción

Otros aspectos a tener en cuenta

El jefe de aquellos colaboradores que a su vez son jefes de otras personas debe guiarlos en su "rol de jefes"; es decir, debe convertirse en un entrenador que:

> *Ayuda y asesora.* En caso de que sea pertinente, brindándoles consejo para la solución de situaciones o problemas que deriven de la conducción del grupo humano a su cargo, o bien de la administración de recursos, políticas, procesos y circuitos administrativos, etcétera
>
> *Capacita.* En el día a día y basándose en su experiencia y en sus acciones cotidianas, que deben servir como ejemplo a seguir

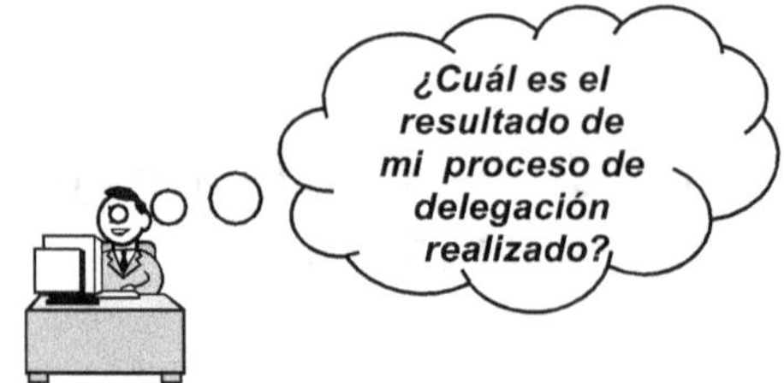

El jefe entrenador y la delegación

Un jefe entrenador desarrolla a sus colaboradores a través de la delegación. En el gráfico siguiente se expone el *proceso de delegación,* que ha sido presentado en el Capítulo 1 de la obra *Rol del jefe;* además, se ha dedicado un libro-cuaderno a la temática: *Cómo delegar efectivamente en 12 pasos.*

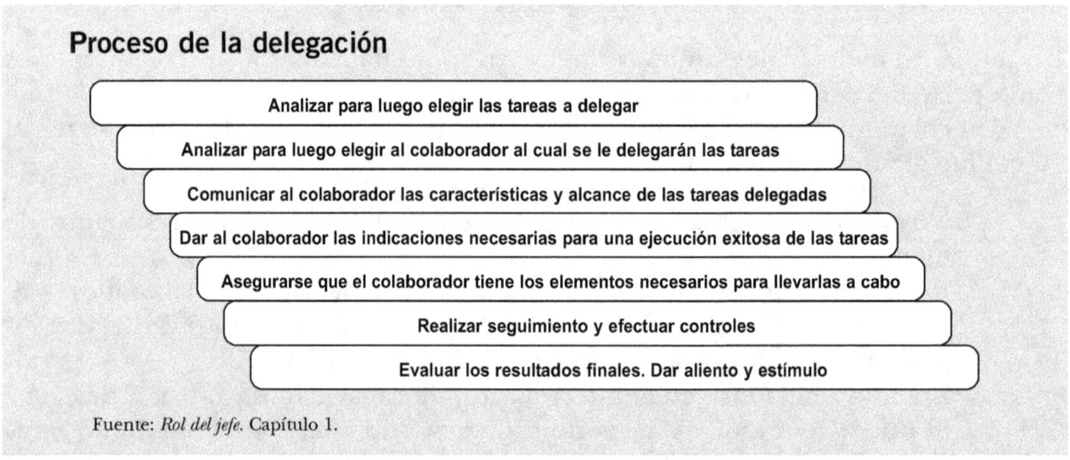

Proceso de la delegación

Fuente: *Rol del jefe.* Capítulo 1.

¿Ha realizado un proceso de delegación? ¿Cuál ha sido el resultado? Analícelo en función de la escala siguiente.

- Excelente
- Muy bueno
- Bueno
- No me siento conforme
- Insatisfactorio

Frente a cualquiera de estas eventuales respuestas, analice las causas y qué puede mejorar; aunque su respuesta al proceso de delegación efectuado haya sido "excelente", siempre habrá "algo" factible de ser mejorado. Recuerde: en todos los casos será bueno para usted analizar cómo delegó, qué se hizo muy bien y qué se puede mejorar.

Si aún no ha realizado un proceso de delegación, es un buen momento para reflexionar al respecto y replantearse la posibilidad de llevarlo a cabo.

Delegar no implica ninguna clase de amenaza para quien delega; por el contrario, le permite mejorar los resultados y concentrarse en lo realmente relevante.

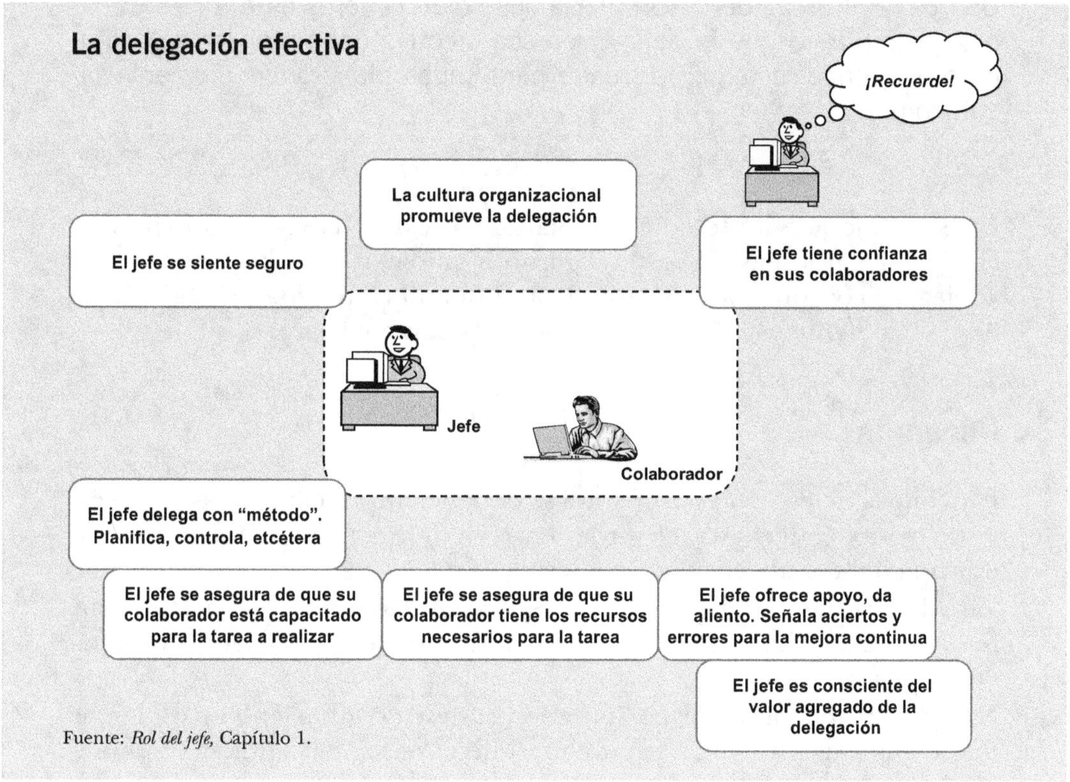

Fuente: *Rol del jefe*, Capítulo 1.

En síntesis, para que la delegación sea efectiva deben darse algunas circunstancias "previas", tales como que el jefe se sienta seguro de sí mismo y que la cultura organizacional sea proclive a la delegación. En caso contrario, quizás sea más difícil lograrlo. Un jefe seguro de sí mismo tendrá más fácilmente confianza en los demás, ya que el otro elemento indispensable para la delegación es que el jefe se sienta confiado en relación con sus colaboradores.

Paso 12: Desarrolle a su equipo a través de la delegación

Una de las formas de desarrollar a sus colaboradores es a través de la delegación. Para que la delegación sea efectiva debe realizarse paso a paso, eligiendo la tarea adecuada para cada colaborador. ¡Fomente la autonomía!

Usted, como jefe junto con sus colaboradores, ya ha vivido la experiencia de delegar tareas. Ahora le sugerimos que se plantee la misma acción –delegar– con otra perspectiva. ¡Como una herramienta para el aprendizaje! Comente este nuevo enfoque a sus colaboradores.

Recuerde

Para que la delegación sea efectiva se deben cumplir ciertos pasos, hacerse de manera adecuada, elegir las tareas a delegar así como al colaborador que deberá asumir dichas tareas.

Para delegar tareas tenga en cuenta las capacidades del colaborador y sus motivaciones. Sea objetivo en la evaluación de ambos aspectos (capacidades y motivación).

No sobrecargue al mejor colaborador; si desea confiar en él para tareas más complejas o desafiantes, evalúe si debe reasignar algunas responsabilidades para que pueda asumir las nuevas.

NOTAS

Paso 12: Desarrolle a su equipo a través de la delegación

Muchas veces no se puede delegar porque los colaboradores no están preparados para ello. Los esfuerzos que dedique a la formación de colaboradores serán siempre una buena inversión para todos. ¡Hágalo!

Una vez que ya ha determinado las tareas a delegar (formulario F12B), correlaciónelas con sus colaboradores. Puede utilizar los formularios utilizados en el Paso 2, en especial el formulario F2A, o bien completar el sugerido en páginas siguientes (F12C).

Si es necesario, revise el formulario F2A que confeccionó en el Paso 2.

Tenga en cuenta el comentario de la página anterior.

> Vea en las páginas finales un detalle de todos los formularios utilizados en esta obra y su relación con cada uno de los 12 pasos

Recuerde

Una vez más, sea objetivo y cuidadoso en la asignación de nuevas tareas. La sobredelegación implica varios riesgos, uno de ellos es delegar "todo" a un solo colaborador, una situación que suele presentarse en especial cuando dicho colaborador es eficiente en la realización de nuevas tareas.

NOTAS

Paso 12: Desarrolle a su equipo a través de la delegación

Si usted desea crecer, necesita contar con colaboradores con mejor preparación cada día. Trabaje en ello, explique las tareas con detalle, desarrolle a su equipo. Fortalezca capacidades y aliente la independencia.

Si no lo ha hecho hasta hoy, comience a analizar sobre las tareas a delegar. No lo haga de cualquier manera, pero ¡hágalo! Para la asignación de tareas a sus colaboradores debe tener en cuenta:

Las capacidades de sus colaboradores: conocimientos, competencias y experiencia previa

El tiempo disponible. Es decir, cada colaborador posee una serie de tareas asignadas. Si a uno de ellos le asigna otra tarea, ¿podrá hacerla? No sobrecargue a un buen colaborador. Si el colaborador que usted elige para una nueva tarea no dispone de tiempo, analice si puede reasignar una de las responsabilidades que ya tiene a cargo

Recuerde

Sea cuidadoso sin por ello sentir miedo. Elija bien a quién delegar y luego hágalo con confianza.

NOTAS

Paso 12: Desarrolle a su equipo a través de la delegación

En el contexto actual se valora a las personas proclives a la delegación y que sean capaces de entrenar y formar equipos de alto desempeño. ¡Hágalo! Sea abierto cuando sus colaboradores quieren continuar su carrera en otras áreas de la organización.

La delegación efectiva debe hacerse en cascada. Veamos la siguiente frase:

El proceso puede iniciarse desde usted y en cascada. Ejemplo: elija una tarea a delegar y a un colaborador para que la realice. Acto seguido, puede replicar el proceso, elegir una tarea de ese colaborador para que a su vez este la delegue en otro. (Fuente: Cómo delegar efectivamente en 12 pasos.)

No alcanza con que usted diga algo: debe actuar en consecuencia y ser un ejemplo al respecto. Si desea ser un jefe entrenador y que los demás así lo consideren, deberá delegar y, cuando sea necesario, estar abierto a que sus colaboradores continúen creciendo en otras áreas de la organización.

Recuerde

Delegar es bueno para usted, para sus colaboradores y para la organización en su conjunto. Debe ser cuidadoso y confiado al mismo tiempo.

NOTAS

Paso 12: Desarrolle a su equipo a través de la delegación

Aprendizaje, modelaje, evaluación de capacidades, retroalimentación, no deben ser solo palabras para usted. Deben identificar acciones concretas que usted realiza de manera cotidiana, integradas a su accionar como jefe entrenador.

En la actualidad muchos términos, de tanto ser usados, han perdido su significación, su contenido. Aquí le planteamos un reto. Haga que los términos "aprendizaje" y "ser un modelo" no sean solo palabras. Autoevalúese y evalúe las competencias de sus colaboradores.

Conviértase en un referente organizacional al respecto. Desarrolle a su equipo a través de la delegación y sea para ellos un modelo en todo el sentido de la palabra.

Recuerde

Las competencias se evidencian en todos los planos de la vida. Si usted se transforma en un jefe entrenador mediante el desarrollo de la competencia *Entrenador*, luego podrá utilizarla en todos los ámbitos donde se desenvuelva, con sus amigos, en el ámbito de su familia o en actividades comunitarias. Desde ya, también, en otro trabajo.

NOTAS

Paso 12: Desarrolle a su equipo a través de la delegación

AUTOEVALUACIÓN

Analice sus comportamientos con relación a la distribución y delegación de tareas. ¿Cómo se visualiza a usted mismo al respecto? ¿Cómo cree que lo perciben sus colaboradores? Si usted desea desarrollar a sus colaboradores, si desea ser un jefe entrenador, debe analizar su grado de delegación.

Reflexión

Plan de acción para mejorar

Paso 12: Desarrolle a su equipo a través de la delegación

Check-list acerca de desarrollar a sus colaboradores y delegar

¿Considera especialmente a los colaboradores destacados?	Sí	No
¿Considera las capacidades de sus colaboradores (conocimientos y competencias) para delegarles tareas y responsabilidades?		
¿Asigna nuevas tareas a los colaboradores que se han destacado al asumir nuevas responsabilidades en el pasado?		
¿Utiliza la delegación como una forma de incrementar el aprendizaje de sus colaboradores?		
¿Analiza si sus colaboradores pueden a su vez delegar tareas, para realizar un proceso de delegación *en cascada*?		
¿Conversa con sus colaboradores acerca de cómo la delegación los ayuda a crecer y desarrollar sus capacidades?		
¿Se considera un referente en materia de delegación orientada al aprendizaje?		

La respuesta más adecuada a estas preguntas es "Sí". Si usted eligió "No", revise sus comportamientos, relea las sugerencias de esta obra y, si desea profundizar aún más sobre el tema, al pie de esta página encontrará lecturas adicionales sugeridas.

Reflexiones sobre el *check-list*

....

....

....

....

....

....

....

Bibliografía sugerida

- Alles, Martha. *Construyendo talento*. Ediciones Granica, 2016.
- Alles, Martha. *Diccionario de comportamientos. La Trilogía. Tomo 2*. Ediciones Granica, 2015.
- Alles, Martha. *Cómo delegar efectivamente en 12 pasos*. Ediciones Granica, 2010.

Para ser un *jefe entrenador* usted debe delegar tareas. Como surge del nombre de este paso, es factible desarrollar personas a través de la delegación. Para ello se le sugiere la utilización de otro libro-cuaderno de esta colección: *Cómo delegar efectivamente en 12 pasos,* obra de la serie Liderazgo, donde a través de 12 pasos se refuerza y/o mejora, según sea su caso, la competencia *Delegación.*

Los 12 pasos propuestos para mejorar y/o alcanzar un nivel superior de delegación como jefe son:

1. *Analice las tareas a su cargo*

2. *Evalúe las capacidades de sus colaboradores*

3. *Elija a quién delegar*

4. *Comunique las tareas a delegar*

5. *Brinde indicaciones precisas*

6. *Determine necesidades de aprendizaje*

7. *Analice caso a caso*

8. *Asegúrese sobre los recursos disponibles*

9. *Brinde retroalimentación*

10. *Evalúe el proceso de delegación*

11. *Analice otra vez las tareas a su cargo*

12. *Delegue nuevas tareas*

En esta obra encontrará una serie de sugerencias que lo guiarán en los distintos aspectos relacionados con la delegación.

Además, se ofrecen al lector formularios complementarios que facilitan la tarea de delegación. A continuación encontrará algunos de ellos relacionados con el paso 12 de esta obra: *Desarrolle a su equipo a través de la delegación.*

En las páginas siguientes le sugiero algunos formularios, similares a los expuestos en la obra mencionada más arriba *(Cómo delegar efectivamente en 12 pasos),* que en esta ocasión se utilizarán con un enfoque diferente.

Aquí le proponemos delegar como una forma de *entrenar a sus colaboradores.*

Formularios sugeridos - Paso 12

1º

Formulario F12A

Confeccione un listado completo de las tareas a su cargo.

En la columna derecha de este formulario será factible consignar el nombre del "posible receptor de la tarea a delegar". Sin embargo, esta columna no deberá ser completada hasta luego de haber confeccionado los formularios F12C, uno para cada colaborador.

2º

Formulario F12B

Una vez que confeccionó el listado completo de tareas, podrá preparar un listado de tareas a delegar.

Este formulario le permitirá identificar los conocimientos, competencias y experiencias necesarios para llevarlas a cabo.

Esta información deberá ser confrontada con lo observado en cada colaborador (F12C), para luego regresar al F12A y asignar nuevas tareas a su equipo de colaboradores.

3º

Formulario F12C

Este formulario consta de dos partes y se confecciona uno por cada colaborador.

Primero: analice las tareas a cargo de cada colaborador y determine el grado de ocupación y las capacidades más destacadas de cada uno: conocimientos, competencias, experiencia.

Una vez que completó todos los formularios F12C (uno por cada colaborador), retome el formulario F12A y asigne las tareas a delegar.

Vea en las páginas finales
un detalle de todos los formularios utilizados
en esta obra y su relación con cada uno
de los 12 pasos

Formularios sugeridos - Paso 12 *(continuación)*

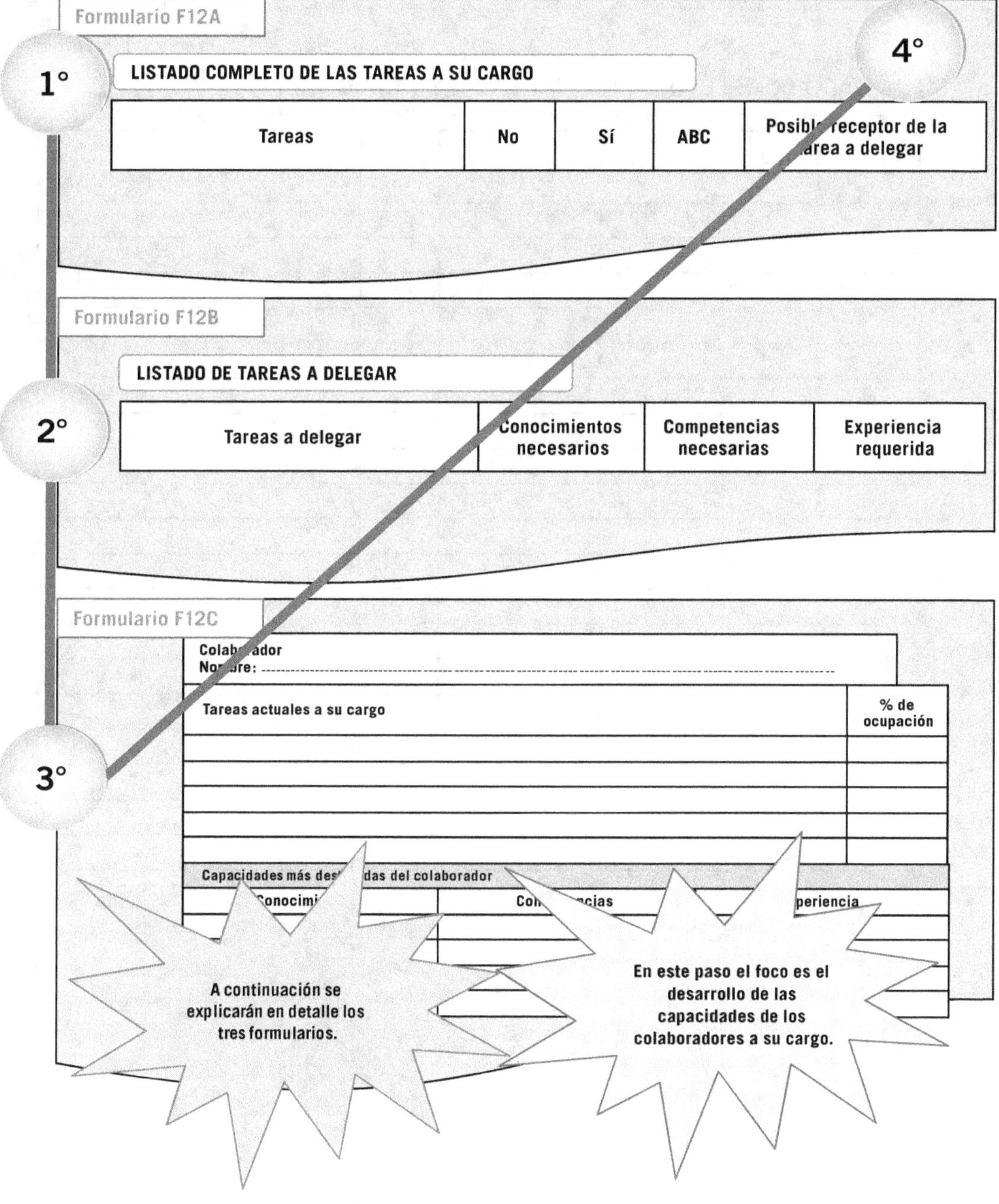

Formulario sugerido. Paso 12 - F12A

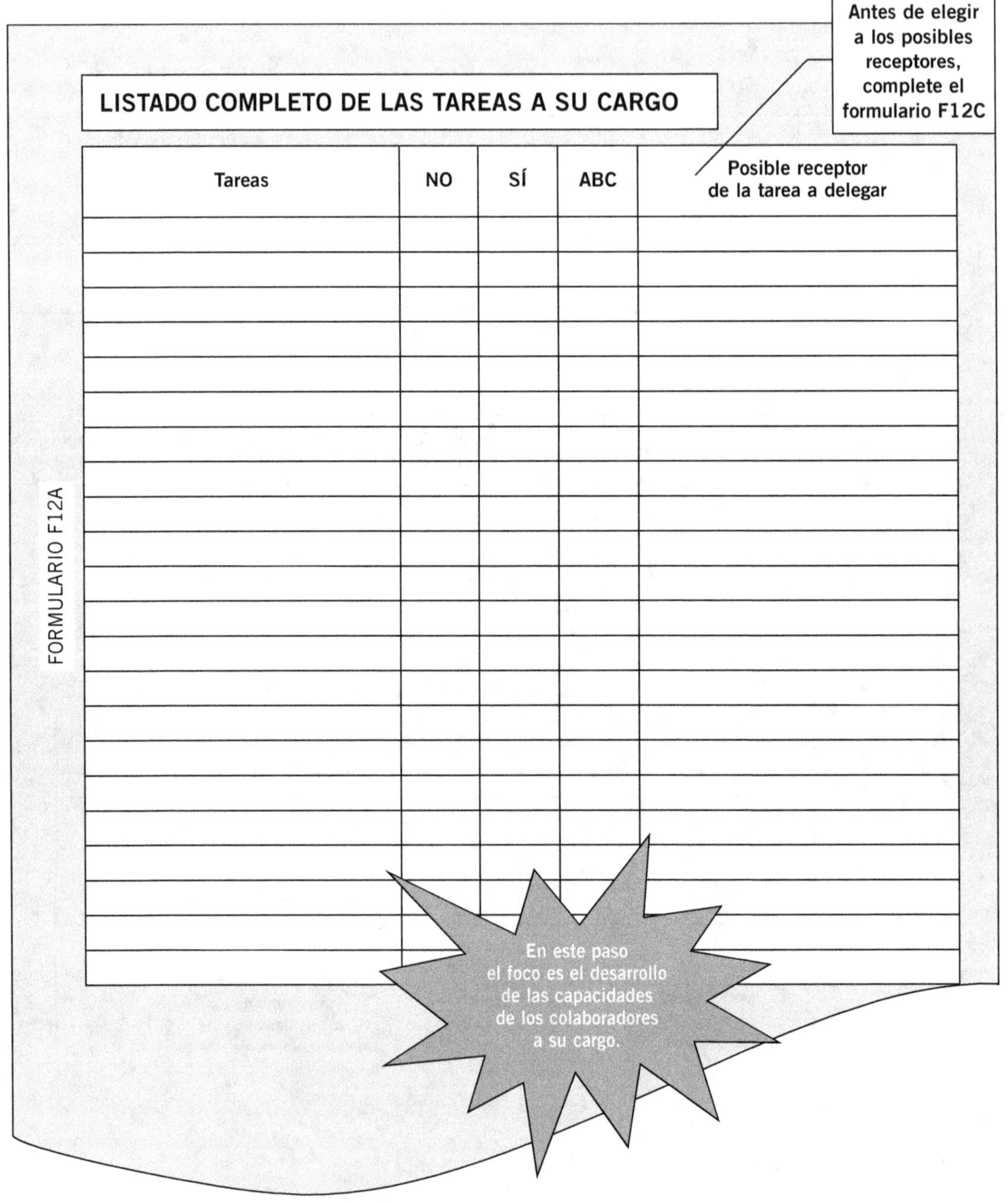

Consejos y sugerencias sobre el formulario F12A

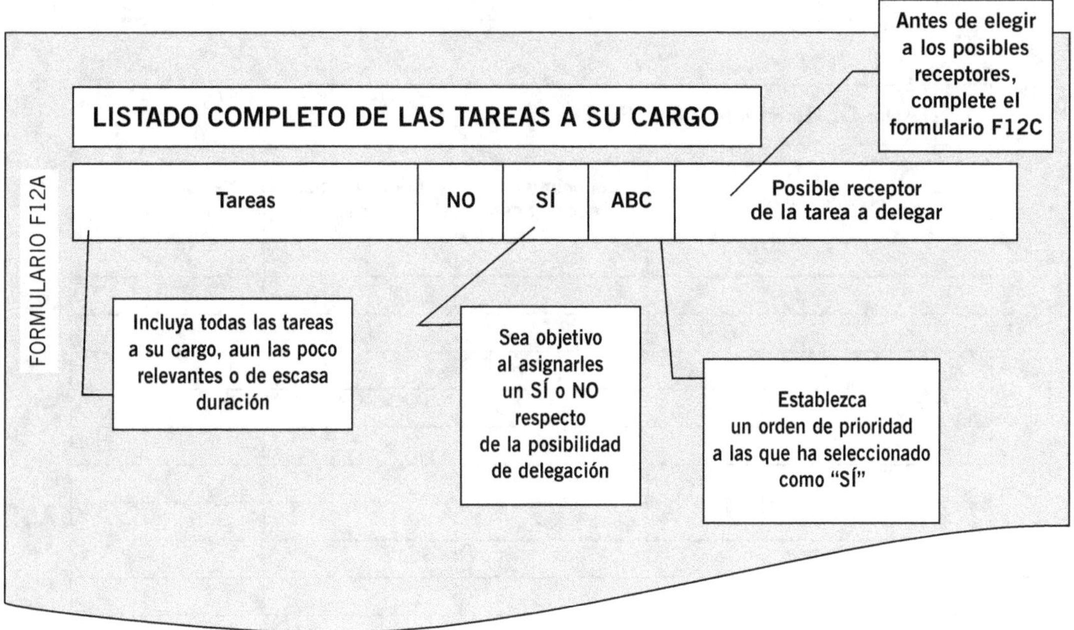

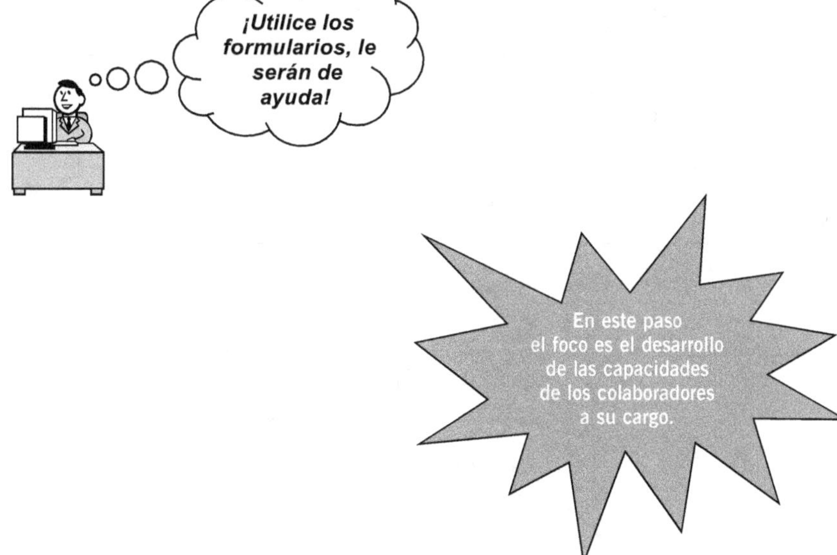

Formulario sugerido. Paso 12 - F12B

FORMULARIO F12B

LISTADO DE TAREAS A DELEGAR

Tareas a delegar	Conocimientos necesarios	Competencias necesarias	Experiencia requerida

Consejos y sugerencias sobre el formulario F12B

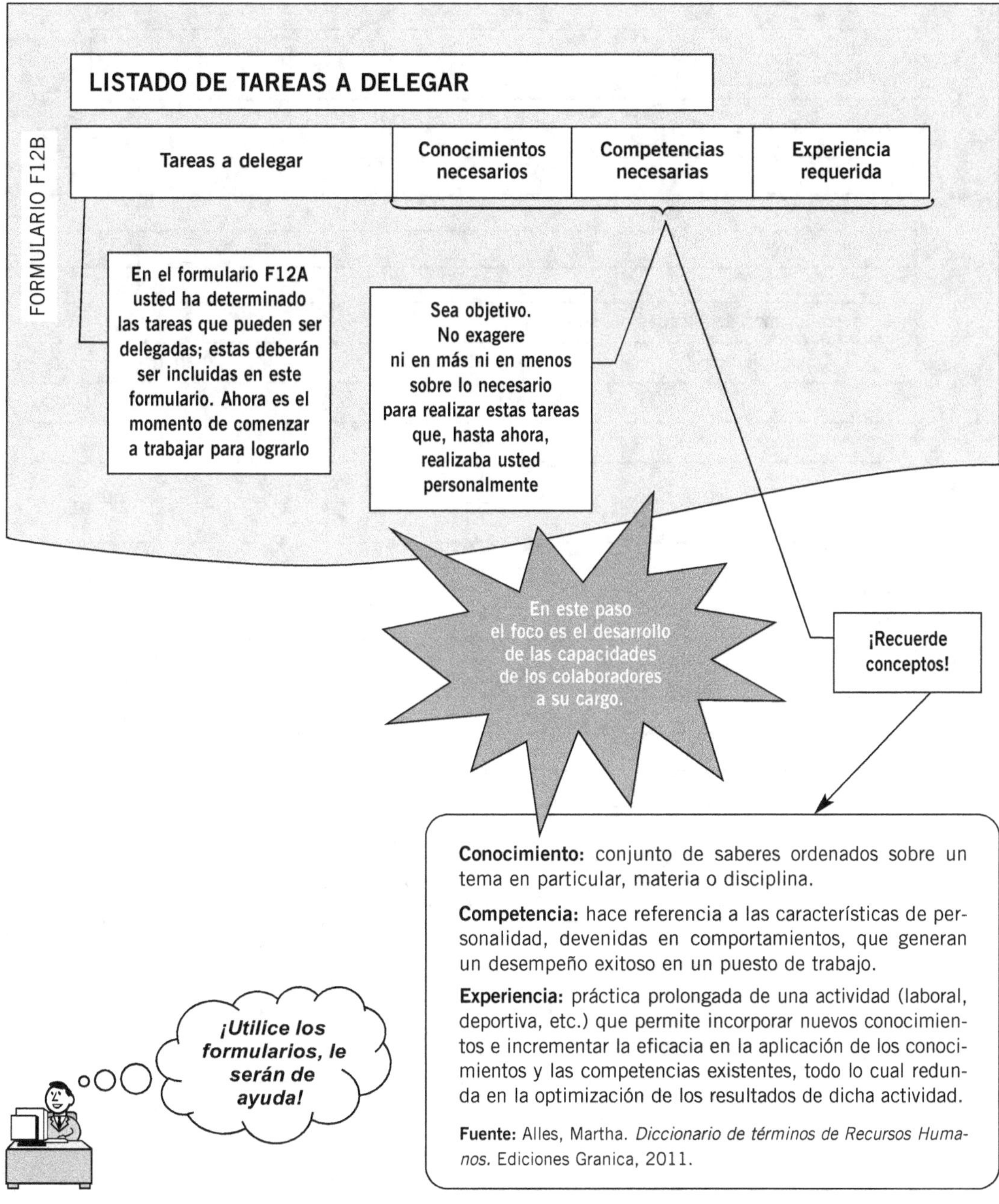

Conocimiento: conjunto de saberes ordenados sobre un tema en particular, materia o disciplina.

Competencia: hace referencia a las características de personalidad, devenidas en comportamientos, que generan un desempeño exitoso en un puesto de trabajo.

Experiencia: práctica prolongada de una actividad (laboral, deportiva, etc.) que permite incorporar nuevos conocimientos e incrementar la eficacia en la aplicación de los conocimientos y las competencias existentes, todo lo cual redunda en la optimización de los resultados de dicha actividad.

Fuente: Alles, Martha. *Diccionario de términos de Recursos Humanos*. Ediciones Granica, 2011.

Formulario sugerido. Paso 12 - F12C

FORMULARIO F12C

Colaborador
Nombre: ____

Tareas actuales a su cargo	% de ocupación

Capacidades más destacadas del colaborador

Conocimientos	Competencias	Experiencia

Colaborador
Nombre: ____

Tareas actuales a su cargo	% de ocupación

Capacidades más destacadas del colaborador

Conocimientos	Competencias	Experiencia

Consejos y sugerencias sobre el formulario F12C

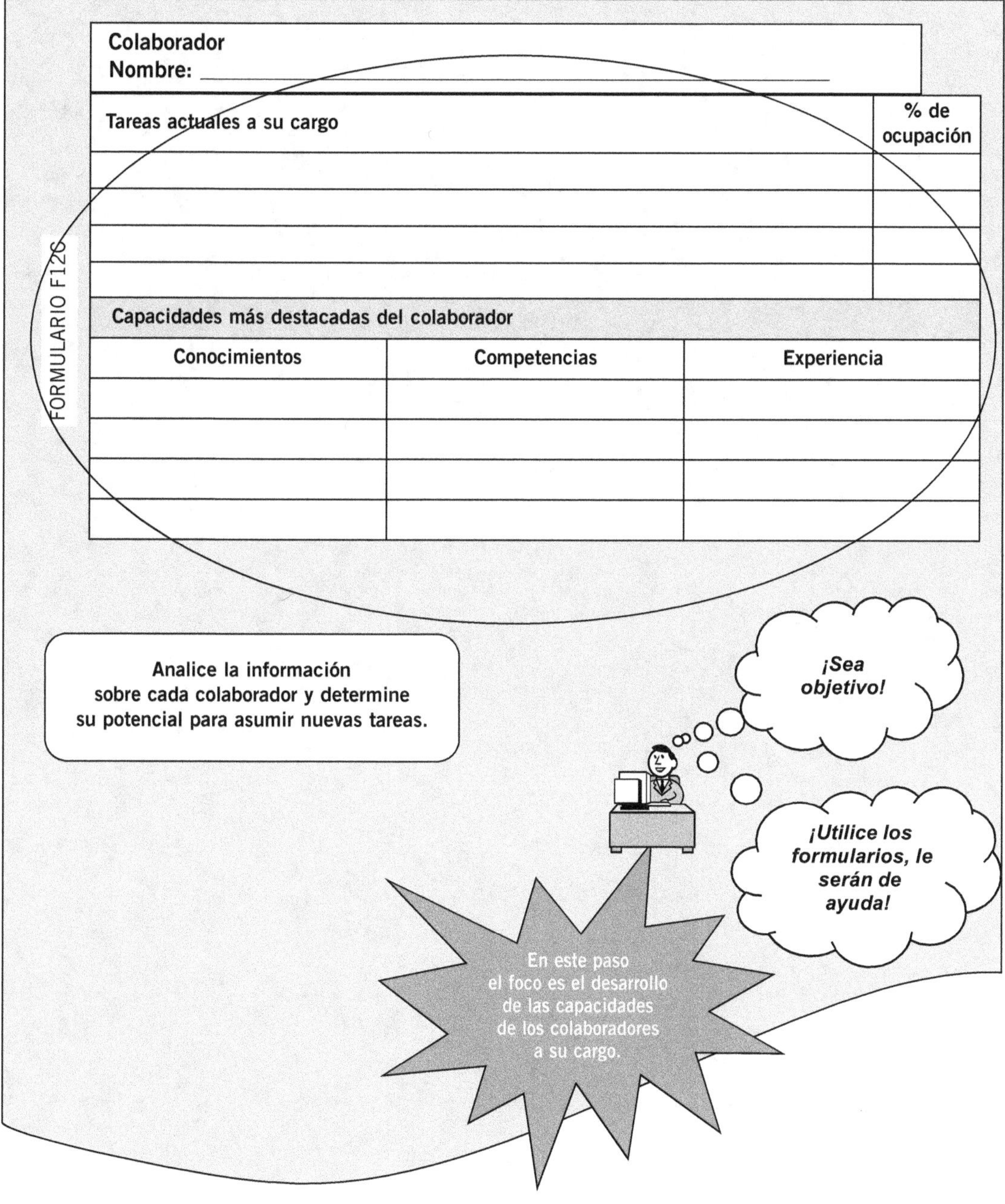

Formularios utilizados. Índice completo y su relación con los 12 pasos de esta obra

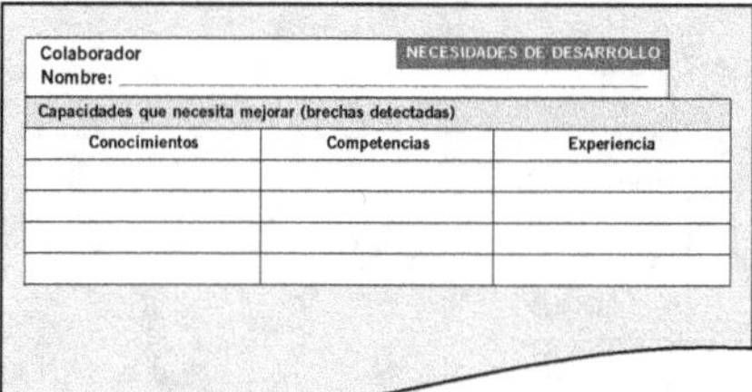

Formulario F2A. Necesidades de desarrollo

Se confecciona uno por colaborador y se consignan las necesidades de desarrollo de cada uno de ellos.

PASO 2

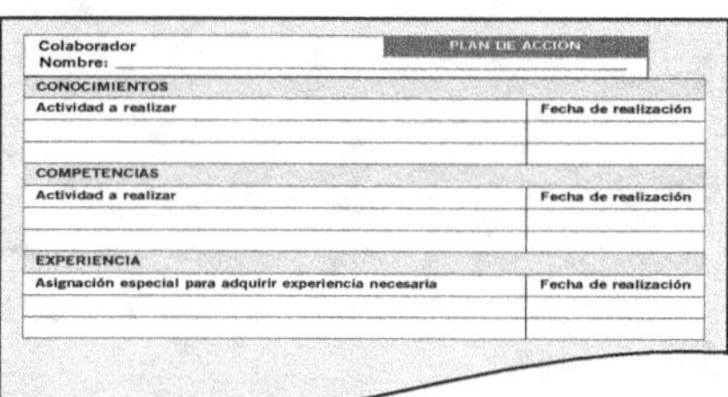

Formulario F2B. Plan de acción

Se confecciona uno por cada colaborador indicando las actividades que conforman el plan de acción para el desarrollo de sus capacidades.

PASO 2

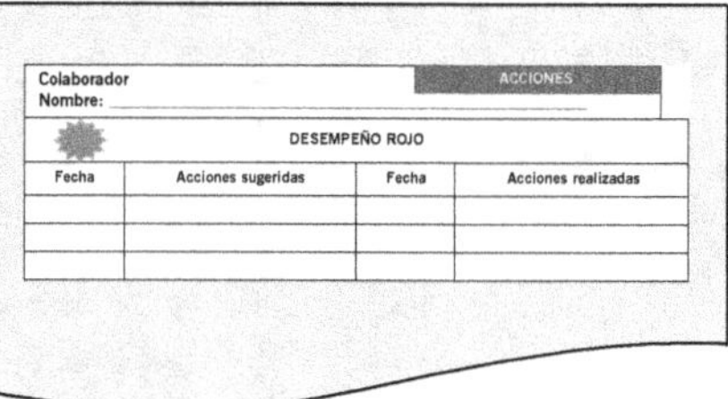

Formulario F2C. Plan de actividades para el equipo de colaboradores

Se confecciona uno para todos los colaboradores indicando de manera detallada las actividades que realizará cada uno.

PASO 2

Formulario F6A. Desempeño

Se confecciona uno por colaborador y se registra el desempeño de cada uno de ellos con un propósito de aprendizaje. Este formulario se utiliza –además– en relación con el Paso 9.

PASO 6

PASO 9

Formulario F6B. Acciones

Se confecciona uno por colaborador y se detallan las acciones sugeridas según el tipo de desempeño observado. Este formulario se utiliza –además– en relación con el Paso 9.

PASO 6

PASO 9

Formularios utilizados. Índice completo y su relación con los 12 pasos de esta obra *(continuación)*

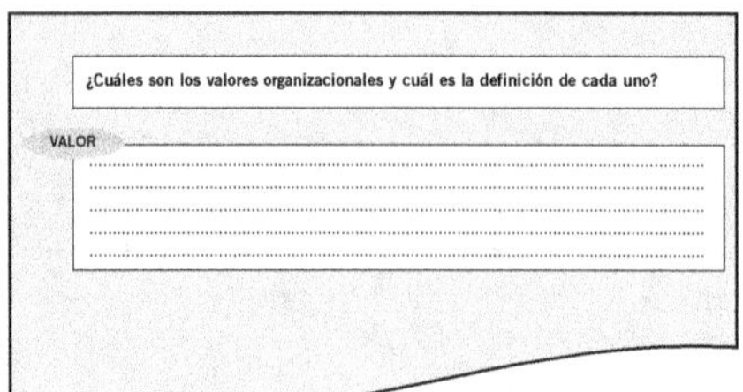

Formulario F7A. Valores y su definición

En este formulario se registran los valores organizacionales junto con su definición.

PASO 7

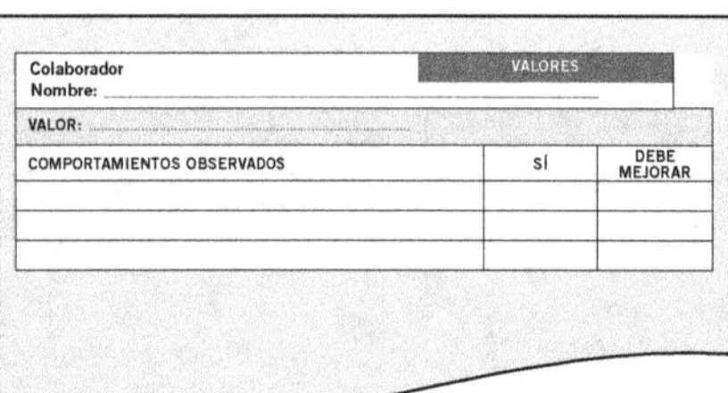

Formulario F7B. Valores por cada colaborador

Se confecciona uno por cada colaborador indicando los comportamientos observados en relación con cada uno de los valores del formulario F7A.

PASO 7

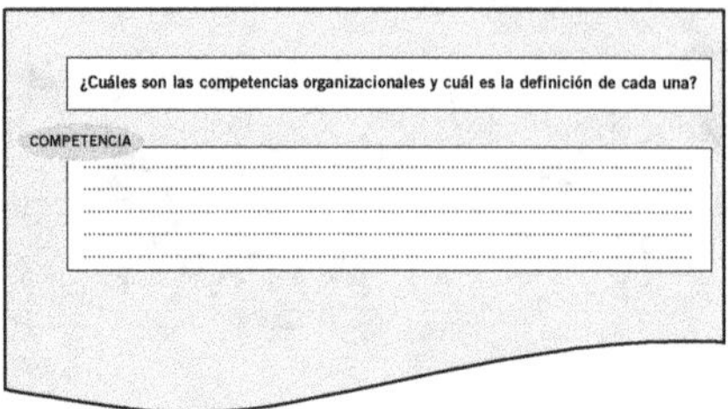

Formulario F7C. Acciones sobre valores

Se confecciona uno por cada colaborador indicando acciones sugeridas (y realizadas) cuando el colaborador deba mejorar en relación con un valor organizacional.

PASO 7

Formulario F10A. Guía de entrenamiento

Permite llevar un registro de las tareas más importantes del sector y por cada una de ellas identificar conocimientos y competencias necesarios, así como experiencias y anécdotas que podrán compartirse con un propósito de aprendizaje.

PASO 10

Formulario F11A. Competencias y su definición

En este formulario se registran las competencias organizacionales junto con su definición, en especial las relacionadas con el sector o área a su cargo.

PASO 11

Formularios utilizados. Índice completo y su relación con los 12 pasos de esta obra *(continuación)*

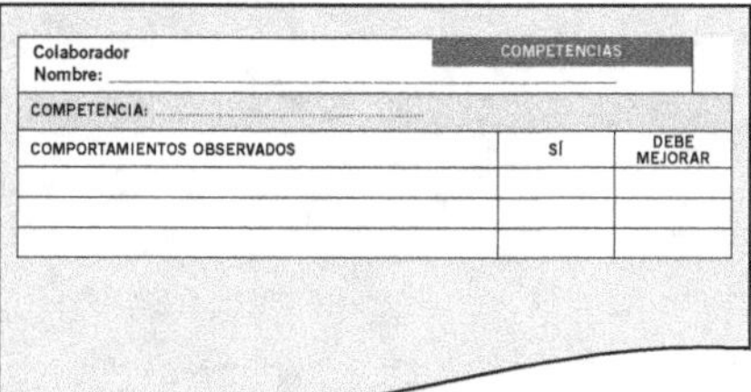

Formulario F11B. Competencias por cada colaborador

Se confecciona uno por cada colaborador indicando los comportamientos observados en relación con cada una de las competencias del formulario F11A. Si el colaborador "debe mejorar" se confecciona el formulario F11C.

PASO 11

Formulario F11C. Acciones sobre competencias

Este formulario se relaciona con el F11B. Se confecciona uno por cada colaborador indicando acciones sugeridas (y realizadas) cuando este deba mejorar una o varias competencias.

PASO 11

Formulario F12A. Listado completo de tareas a su cargo

Permite registrar todas las tareas a su cargo para luego analizar la factibilidad o no de delegarlas y a quién.
Luego de confeccionar el formulario F12C se completa la última columna (posible receptor de la tarea a delegar).

PASO 12

Formulario F12B. Listado de tareas a delegar

A partir de las tareas que se definieron como factibles de ser delegadas en el formulario F12A, se confecciona este formulario, consignando por cada una de ellas los conocimientos, competencias y experiencia necesarios para realizarla.

PASO 12

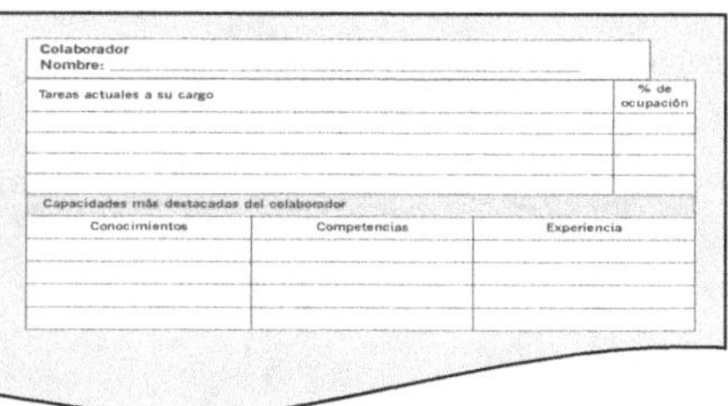

Formulario F12C. Análisis de cada colaborador

Se confecciona uno por cada colaborador y el resultado se vuelca en el formulario F12A, última columna, como posible receptor de la tarea a delegar.

PASO 12

Epílogo

Dos miradas: organizacional e individual

Hasta aquí hemos ofrecido al lector 12 pasos para transformarse en un jefe entrenador con una mirada individual. Sin embargo, esta temática se incluye como uno de los programas para desarrollar el talento dentro de la organización, presentados en la obra *Construyendo talento*.

Jefe entrenador. Capítulo 14.

Recuerde conceptos

Jefe entrenador: el concepto *jefe entrenador* implica que el *jefe* es una persona que al mismo tiempo que cumple el *rol de jefe* lleva adelante otra función respecto de sus colaboradores: ser guía y consejero en una relación orientada al aprendizaje. Lo hace de manera deliberada, desea hacerlo y está convencido de los resultados a obtener.

Fuente: Alles, Martha. *Diccionario de términos de Recursos Humanos.* Ediciones Granica, 2011.

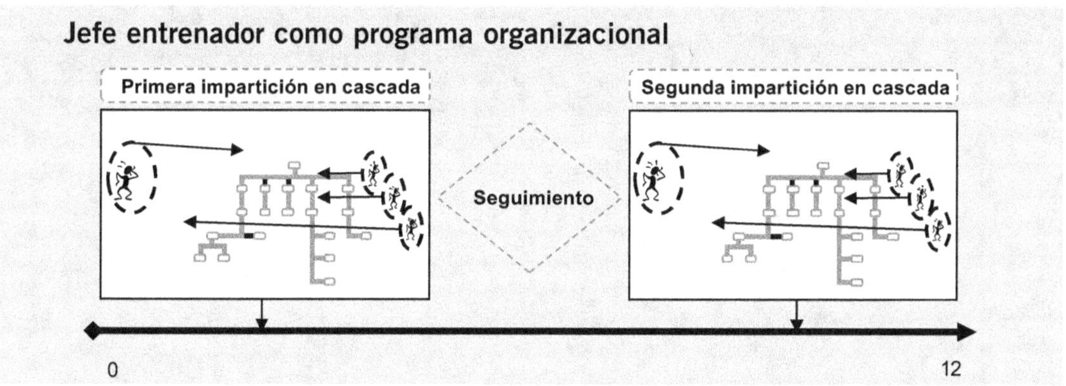

Como programa organizacional, y aplicando la metodología de codesarrollo, *Jefe entrenador* se implementa como se expone en el gráfico precedente. Es decir, se desarrolla la competencia *Entrenador,* en todos los jefes de la empresa, a partir del número 1 de la organización. Además, se complementa con manuales para reafirmar lo aprendido en las dos instancias, que facilitan el seguimiento. Aspecto esencial del codesarrollo.

**NOTAS

Segunda evaluación

Test: ¿Cuánto mejoró mi capacidad como "entrenador"?

Segunda evaluación.
Test: *¿Cuánto mejoró mi capacidad como entrenador?*

La autoevaluación que se propone a continuación es para aquellos que deseen conocer el progreso obtenido desde la primera evaluación, luego de haber llevado a cabo los 12 pasos propuestos en este trabajo.

Pregunta   **PUNTAJE**

1 **¿Con qué frecuencia ofrece guía a sus colaboradores, ya sea para la realización de sus tareas como en relación con la consecución de objetivos?**

A. Siempre que sea necesario.	**A**	1 punto
B. Frecuentemente (la mayoría de las veces).	**B**	0,75 punto
C. La mitad de las veces.	**C**	0,50 punto
D. Ocasionalmente.	**D**	0,25 punto
E. No lo hago.	**E**	0 punto

Pregunta   **PUNTAJE**

2 **Cuando usted observa que sus colaboradores necesitan ayuda o apoyo, ¿evalúa las causas (carencia de recursos, falta de conocimientos, etcétera)?**

Opciones

A. Siempre, en todos los casos.

B. Frecuentemente (la mayoría de las veces).

C. La mitad de las veces.

D. Ocasionalmente.

E. No lo hago.

A	1 punto
B	0,75 punto
C	0,50 punto
D	0,25 punto
E	0 punto

Pregunta

3 **Una vez que determinó la/s causa/s, ¿realiza alguna acción concreta con el propósito de brindar una solución, según su nivel de responsabilidad?**

Opciones

A. Siempre.

B. Frecuentemente (la mayoría de las veces).

C. La mitad de las veces.

D. Ocasionalmente.

E. No lo hago.

A	1 punto
B	0,75 punto
C	0,50 punto
D	0,25 punto
E	0 punto

Pregunta

PUNTAJE

4

¿Usted se considera un ejemplo positivo para sus colaboradores en materia de aprendizaje? ¿Piensa que es un ejemplo a imitar?

Opciones

A. Sí, siempre.

B. Frecuentemente (la mayoría de las veces).

C. La mitad de las veces.

D. Ocasionalmente.

E. No.

A	1 punto
B	0,75 punto
C	0,50 punto
D	0,25 punto
E	0 punto

Pregunta

5

¿Usted se considera un ejemplo positivo para sus colaboradores por su compromiso con la tarea a realizar y las responsabilidades a su cargo?

Opciones

A. Siempre.

B. Frecuentemente (la mayoría de las veces).

C. La mitad de las veces.

D. Ocasionalmente.

E. No.

A	1 punto
B	0,75 punto
C	0,50 punto
D	0,25 punto
E	0 punto

Pregunta   **PUNTAJE**

6   **En relación con los valores organizacionales, ¿usted se considera un ejemplo para sus colaboradores, un ejemplo a imitar?**

Opciones

A. Sí, siempre.

B. Frecuentemente (la mayoría de las veces).

C. La mitad de las veces.

D. Ocasionalmente.

E. No.

A	1 punto
B	0,75 punto
C	0,50 punto
D	0,25 punto
E	0 punto

Pregunta

7   **¿Usted está atento a las capacidades de sus colaboradores, para detectar tanto carencias como un desempeño superior?**

Opciones

A. Siempre.

B. Frecuentemente (la mayoría de las veces).

C. La mitad de las veces.

D. Ocasionalmente.

E. No.

A	1 punto
B	0,75 punto
C	0,50 punto
D	0,25 punto
E	0 punto

Pregunta   **PUNTAJE**

8   **¿Brinda retroalimentación a sus colaboradores, acerca de qué hacen bien y qué deben mejorar, guiándolos en cualquiera de las situaciones detectadas?**

Opciones

A. Siempre.

B. Frecuentemente (la mayoría de las veces).

C. La mitad de las veces.

D. Ocasionalmente.

E. No lo hago.

A	1 punto
B	0,75 punto
C	0,50 punto
D	0,25 punto
E	0 punto

Pregunta

9   **Frente a un tema nuevo en relación con la actividad que usted y sus colaboradores realizan, ¿cuál de las siguientes opciones se asemeja a su comportamiento habitual?**

Opciones

A. Investiga personalmente, confirma con sus superiores y luego comparte con su equipo.

B. Solicita a su jefe fuentes de información y luego comparte con su equipo.

C. Pregunta a su jefe al respecto y actúa según lo indicado.

D. Espera recibir instrucciones.

A	1 punto
B	0,75 punto
C	0,25 punto
D	0 punto

Pregunta   **PUNTAJE**

10   **Cuando usted asiste a un curso, lee un libro, un paper
o cualquier otro medio a través del cual puede adqui-
rir nuevos conocimientos, ¿cuál de las siguientes
opciones se asemeja a su comportamiento habitual?**

Opciones

Comparto mis conocimientos / pongo a disposición el
libro o paper:

A. Siempre.

B. Frecuentemente (la mayoría de las veces).

C. La mitad de las veces.

D. Ocasionalmente.

E. Nunca.

A	1 punto
B	0,75 punto
C	0,50 punto
D	0,25 punto
E	0 punto

Resultado

Si no logró más de 7 puntos, debe esforzarse por mejorar. Relea los pasos
uno a uno, incluyendo sus notas y reflexiones.

Si logró más de 7 puntos, su capacidad como entrenador ha mejorado y
puede ser considerada en un nivel bueno. De todos modos, recuerde
que siempre se puede mejorar.

NOTAS

NOTAS

Bibliografía

Alles, Martha Alicia. *5 pasos para transformar una oficina de personal en un área de Recursos Humanos.* Ediciones Granica, Buenos Aires, 2018.

Alles, Martha Alicia. *Codesarrollo: una nueva forma de aprendizaje.* Ediciones Granica, Buenos Aires, 2009.

Alles, Martha Alicia. *Comportamiento organizacional.* Ediciones Granica, Buenos Aires, 2017.

Alles, Martha Alicia. *Construyendo talento.* Ediciones Granica, Buenos Aires, 2016.

Alles, Martha Alicia. *Cuestiones sobre gestión de personas. Qué hacer para resolverlas.* Ediciones Granica, Buenos Aires, 2015.

Alles, Martha Alicia. *Desarrollo del talento humano. Basado en competencias.* Ediciones Granica, Buenos Aires, 2017.

Alles, Martha Alicia. *Desempeño por competencias. Estrategia. Desarrollo de personas. Evaluación de 360º.* Ediciones Granica, Buenos Aires, 2017.

Alles, Martha Alicia. *Diccionario de comportamientos. La trilogía. Tomo 2.* Ediciones Granica, Buenos Aires, 2015.

Alles, Martha Alicia. *Diccionario de términos de Recursos Humanos.* Ediciones Granica, Buenos Aires, 2011.

Alles, Martha Alicia. *Dirección estratégica de Recursos Humanos. Volumen 1. Gestión por competencias.* Nueva edición. Ediciones Granica, Buenos Aires, 2015.

Alles, Martha Alicia. *Dirección estratégica de Recursos Humanos. Volumen 2. Casos.* Nueva edición. Ediciones Granica, Buenos Aires, 2016.

Alles, Martha Alicia. *Elija al mejor.* Nuevo libro. Ediciones Granica, Buenos Aires, 2017.

Alles, Martha Alicia. *Las 50 herramientas de Recursos Humanos que todo profesional debe conocer.* Ediciones Granica, Buenos Aires, 2017.

Alles, Martha Alicia. *Mi carrera.* Colección Bolsillo. Ediciones Granica, Buenos Aires, 2009.

Alles, Martha Alicia. *Selección por competencias. Atracción y reclutamiento en las redes sociales. Entrevista y medición de competencias.* Ediciones Granica, Buenos Aires, 2016.

Bacal, Robert. *Performance Management.* McGraw-Hill, New York, 1999.

Bell, Chip R. *Managers as mentors.* Berrett-Koehler Publishers, San Francisco, 1998.

Blanchard, Ken; Carlos, John P.; Randolph, Alan. *El empowerment.* Deusto, Bilbao, 1996.

Boulding, Kenneth E. *Las tres caras del poder.* Paidós, Barcelona, 1993.

Burley-Allen, Madelyn. *La Direzione Assertiva.* Madelyn. Franco Angeli. Milán, 2005.

Carew, Jack. *The mentor.* Donald I. Fine Books, New York, 1998.

Carretta, Antonio; Dalziel, Murray M.; Mitrani, Alain. *Dalle Risorse Umane alle Competenze.* Franco Angeli Azienda Moderna, Milano, 1992.

Chapman, Elwood N. *Human Relations in Small Business.* Crips Publications, USA, 1994.

Cole, Gerald. *Personnel Management.* Letts Educational Aldine Place, London, 1997.

Cole, Gerald. *Organisational Behaviour.* DP Publications, London, 1995.

Dardelet, Bruno. *La comunicación, herramienta de la empresa.* Vergara/Ediciones Granica. Barcelona 1997.

Davis, Keith; Newstron, John W. *Comportamiento humano en el trabajo.* McGraw-Hill, México, 1999.

Debordes, Pascal. *Coaching. Entrenamiento eficaz de los comerciales. Cómo motivar y hacer progresar a la fuerza de ventas.* Gestión 2000, Barcelona, 1998.

Deprose, Donna. *The Team Coach*. Amacon, American Management Association, New York, 1995.

Dessler, Gary. *Administración de personal*. Prentice-Hall Hispanoamericana, México, 1994.

Drucker, Peter F. *Las nuevas realidades*. Editorial Sudamericana, Buenos Aires, 1995.

Fulmer, Robert M.; Conger, Jay A. *Growing your company's Leaders*. AMACOM. New York, 2004.

Gautier, Bénédicte; Vervisch, Marie-Odile. *Coaching directivo para el desarrollo profesional de personas y equipos*. Oberon, Madrid, 2001.

González Vadillo, José Luis. *Comportamiento humano*. Universidad de Deusto, Bilbao, 1993.

Gordon, Judith. *Comportamiento organizacional*. Prentice-Hall, México, 1997.

Harrison, Michael I.; Shiron, Arie. *Organizational diagnosis and assessment*. Sage Publications, Thousand Oaks (California), 1999.

Hax, Arnoldo; Majluf, Nicolás. *Estrategias para el liderazgo competitivo. De la visión a los resultados*. Ediciones Granica, Buenos Aires, 2004.

Heller, Robert. *Saber delegar*. Grijalbo Mondadori S.A., Barcelona, 1998.

Jaques, Elliot. *La organización requerida*. Ediciones Granica, Buenos Aires. 2004.

Kets de Vries, Manfred F.R.; Florent-Treacy, Elizabeth. *Los nuevos líderes globales*. Grupo Editorial Norma, Colombia, 1999.

Kreitner, Robert; Kinicki, Angelo. *Comportamiento de las organizaciones*. McGraw-Hill, Madrid, 1997.

Maslow, Abraham H. *El management según Maslow*. Paidós Empresa, Barcelona, 2005.

Mathis, Robert L.; Jackson John H. *Human Resource Management*. South-Western College Publishing, a division of Thompson Learning; Cincinatti, Ohio; 2000.

Montironi, Marina. *Capitale Umano e Imprese di Servizi*. Il Sole 24 Ore Media e Impresa, Milano, 1997.

Papows, Jeff. *Enterprise.com. El liderazgo del mercado en la era de la información*. Ediciones Granica, Buenos Aires, 1999.

Pell, Arthur R. *¡Administre su personal fácil!*, Prentice Hall Hispanoamericana, México, 1996.

Peretti, Jean-Marie. *Gestion des ressources humaines*. Librairie Vuibert, Paris, 1998.

Renckly, Richard G. *Human Resources*. Barron's Educational Series, Nueva York, 1997.

Robbins, Stephen P. *Comportamiento organizacional*. Pearson - Prentice-Hall, 2004.

Rothwell, William J. *Effective Succession Planning*. AMACON, New York, 2005.

Rothwell, William J.; Jackson, Robert D.; Knight, Shaun, C.; Lindholm, John E. *Career Planning and Succession Management*. PRAEGER, Westport, 2005.

Schein, Edgar H. *Organizational Culture and Leadership*. Jossey-Bass Publishers, San Francisco, 1992.

Senge, Peter M. *La quinta disciplina*. Ediciones Granica, Buenos Aires, 2007.

Senge, Peter y otros. *La quinta disciplina en la práctica*. Ediciones Granica, Buenos Aires, 2006.

Sherman, Arthur; Bohlander, George; Snell, Scott. *Administración de Recursos Humanos*. Thomson Internacional, México, 1999.

Sparrow, John. *Knowledge in organizations*. Sage Publications, London, 1998.

Spencer, Lyle M.; Spencer, Signe M. *Competence at work, models for superior performance*. John Wiley & Sons, Inc., New York, 1993.

Tissen, René; Andriessen, Daniel; Lekanne Deprez, Frank . *El valor del conocimiento. Para aumentar el rendimiento en las empresas*. Prentice-Hall, Madrid, 2000.

Ulrich, David. *Recursos Humanos Champions*. Ediciones Granica, Buenos Aires, 1997.

Ulrich, David. *Evaluación de resultados*. Ediciones Granica, Barcelona, 2000.

Ulrich, Dave; Becker, Brian E.; Huselid, Mark A. *The HR Scorecard. Linking People, Strategy, and Performance*. Harvard Business School Press, USA, 2001.

Ulrich, Dave; Brockbank, Wayne. *The HR Value proposition*. Harvard Business School Press, Boston, 2005.

Valdano, Jorge; Mateo, Juan. *Liderazgo*. El País - Aguilar, Madrid, 1999.

Wilson, Terry. *Manual del Empowerment*. Gestión 2000, Barcelona, 2000.

Unas palabras sobre la autora

Martha Alicia Alles es Doctora por la Universidad de Buenos Aires, área Administración. Su tesis doctoral se presentó bajo el título *La incidencia de las competencias en la empleabilidad de profesionales*. Su primer título de grado es Contadora Pública Nacional (UBA). Posee una amplia experiencia como docente universitaria, en diversos posgrados tanto de la Argentina como del exterior.

Con más de cuarenta títulos publicados hasta el presente, es la autora argentina que ha escrito la mayor cantidad de obras sobre su especialidad. Cuenta con colecciones de libros de texto sobre Recursos Humanos, Liderazgo y Management Personal, que se comercializan en toda Hispanoamérica.

De su colección sobre **Recursos Humanos** ha publicado:

Temas generales de Recursos Humanos y Comportamiento Organizacional:

- *Dirección estratégica de Recursos Humanos. Volumen 1. Gestión por competencias* (nueva edición revisada, 2015).
- *Dirección estratégica de Recursos Humanos. Volumen 2. Casos* (nueva edición revisada, 2016).
- *5 pasos para transformar una oficina de personal en un área de Recursos Humanos.* Nuevo libro (2018).
- *Comportamiento organizacional* (2017).

Específicos sobre modelos de competencias:

- *Gestión por competencias. El diccionario* (2002, y 2ª edición revisada, 2005).
- *Diccionario de comportamientos. Gestión por competencias* (2004).
- *Diccionario de preguntas. Gestión por competencias* (2005).

Nuevas obras preparadas sobre la base de un enfoque diferente de la metodología de Gestión por competencias:

- *Diccionario de competencias. La trilogía. Tomo 1* (2015).
- *Diccionario de comportamientos. La trilogía. Tomo 2* (2015).
- *Diccionario de preguntas. La trilogía. Tomo 3* (2015).

Sobre selección:

- *Empleo: el proceso de selección* (1998, y nueva edición revisada, 2001).
- *Empleo: discriminación, teletrabajo y otras temáticas* (1999).
- *Elija al mejor. La entrevista en selección de personas. La entrevista por competencias.* Nuevo libro (2017).

– *Selección por competencias. Atracción y reclutamiento en las redes sociales. Entrevista y medición de competencias.* Nuevo libro (2016).

Sobre desempeño:

– *Desempeño por competencias. Estrategia. Desarrollo de personas. Evaluación de 360°.* Nuevo libro (2017).

Sobre desarrollo de personas:

– *Desarrollo del talento humano. Basado en competencias* (2005, y nueva edición revisada y ampliada, 2017).

– *Codesarrollo. Una nueva forma de aprendizaje* (2009).

– *Construyendo talento* (2016).

Sobre Recursos Humanos, liderazgo y management:

– *Diccionario de términos de Recursos Humanos* (2011).

– *Las 50 herramientas de Recursos Humanos que todo profesional debe conocer* (2017).

– *Social media y Recursos Humanos* (2012).

– *La Marca Recursos Humanos* (2014).

– *Cuestiones sobre Gestión de Personas. Qué hacer para resolverlas* (2015).

De los siguientes títulos están disponibles solo en Internet (**www.martha alles.com**), para profesores, una edición de *Casos* y otra edición de *Clases: Comportamiento organizacional, Codesarrollo, Construyendo talento, Dirección estratégica de Recursos Humanos* (nueva edición 2015), *Desempeño por competencias, Desarrollo del talento humano. Selección por competencias, La trilogía (Diccionario de competencias. La trilogía. Tomo 1; Diccionario de comportamientos. La trilogía. Tomo 2; y Diccionario de preguntas. La trilogía. Tomo 3), 200 modelos de currículum,* y *Mitos y verdades en la búsqueda laboral.*

De la serie **Liderazgo** podemos mencionar:

– *Rol del jefe* (2019).

– *12 pasos para ser un buen jefe* (2008).

– *Conciliar vida profesional y personal* (2016).

– *12 pasos para transformarse en un jefe entrenador* (2019).

– *Cómo delegar efectivamente en 12 pasos* (2010).

– *12 pasos para conciliar vida profesional y personal* (2013).

Su colección de libros destinados al **Management Personal** está compuesta por:

– *Las puertas del trabajo* (1995).

– *Mitos y verdades en la búsqueda laboral* (1997, y nueva edición revisada y ampliada, 2008).

– *200 modelos de currículum* (1997, y nueva edición revisada y ampliada, 2008).

– *Su primer currículum* (1997).

– *Cómo manejar su carrera* (1998).

– *La entrevista laboral* (1999).

– *Mujeres, trabajo y autoempleo* (2000).

En la colección de **Bolsillo** se publicaron:

– *La entrevista exitosa* (2005 y 2009).

– *La mujer y el trabajo* (2005).

– *Mi carrera* (2005 y 2009).

– *Autoempleo* (2005).

– *Mi búsqueda laboral* (2009).

– *Mi currículum* (2009).

– *Cómo llevarme bien con mi jefe y con mis compañeros de trabajo* (2009).

– *Cómo buscar trabajo a través de Internet* (2009).

Martha Alles es habitual colaboradora en revistas y periódicos de negocios, programas radiales y televisivos de la Argentina y de otros países hispanoparlantes, y conferencista invitada por diferentes organizaciones empresariales y educativas, tanto locales como internacionales. En los últimos dos años ha dictado conferencias y seminarios en Bolivia, Colombia, Costa Rica, Chile, Ecuador, El Salvador, Estados Unidos, Guatemala, México, Nicaragua, Panamá, Paraguay, Perú, República Dominicana, Uruguay, Venezuela, entre otros, además de numerosos seminarios en su país, Argentina.

Es consultora internacional en Gestión por competencias y presidenta de Martha Alles International, firma regional que opera en toda Latinoamérica y Estados Unidos, lo que le permite unir sus amplios conocimientos técnicos con su práctica profesional diaria. Cuenta con una experiencia profesional de más de veinticinco años en su especialidad.

Es casada, tiene tres hijos, dos nietas y un nieto.

Martha Alles SA
Talcahuano 833 (Talcahuano Plaza), piso 2
Buenos Aires, Argentina
Teléfono: (54-11) 4815 4852
Twitter: marthaalles

Libros de Martha Alles de la serie Recursos Humanos, publicados por Ediciones Granica

Guía de lecturas: secuencia sugerida

• Comportamiento organizacional

• 5 pasos para transformar una oficina de personal en un área de Recursos Humanos

• Dirección estratégica de Recursos Humanos. Volumen 1. Gestión por competencias.
• Dirección estratégica de Recursos Humanos. Volumen 2. Casos.

Trilogía:

• Diccionario de competencias. Tomo 1
• Diccionario de comportamientos. Tomo 2
• Diccionario de preguntas. Tomo 3

Libros complementarios de la **Serie Management Personal**

• Mitos y verdades en la búsqueda laboral
• 200 modelos de currículum

• Selección por competencias
• Elija al mejor. La entrevista en selección de personas. La entrevista por competencias

• Desempeño por competencias. Estrategia. Desarrollo de personas. Evaluación de 360°

• Desarrollo del talento humano. Basado en competencias

• Construyendo talento
• Codesarrollo: una nueva forma de aprendizaje

Libros de Martha Alles publicados por Ediciones Granica relacionados con Recursos Humanos y Liderazgo

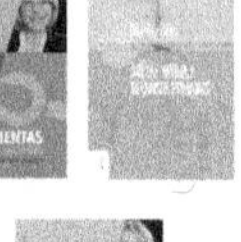

- Diccionario de términos de Recursos Humanos
- Las 50 herramientas de Recursos Humanos que todo profesional debe conocer
- Social media y Recursos Humanos
- La Marca Recursos Humanos
- Cuestiones sobre gestión de personas. Qué hacer para resolverlas

Libros de la serie Liderazgo de Martha Alles publicados por Ediciones Granica

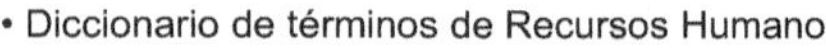

Guía de lecturas: secuencia sugerida

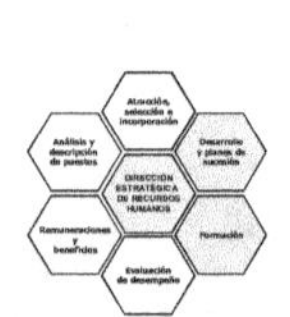

- Rol del jefe. Cómo ser un buen jefe

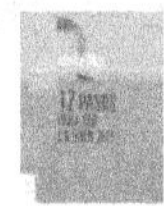

- 12 pasos para ser un buen jefe

- Cómo llevarme bien con mi jefe y con mis compañeros de trabajo. Serie Bolsillo

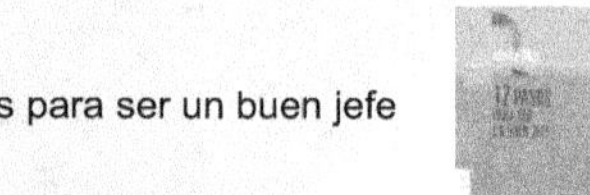

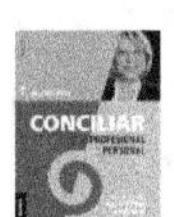

- Conciliar vida profesional y personal

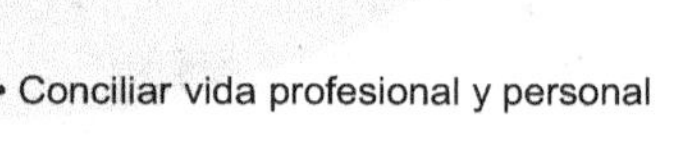

- 12 pasos para transformarse en un jefe entrenador

- Cómo delegar efectivamente en 12 pasos

- 12 Pasos para conciliar vida profesional y personal

Sobre *Rol del jefe* y libros complementarios

El libro que tiene en sus manos es la parte práctica de *Rol del jefe*, una obra de lectura obligatoria para todos los que desean mejorar su performance como conductores de otras personas, tanto dentro de una organización como en cualquier otro ámbito. A través de 8 capítulos de lectura amena usted conocerá todo lo necesario sobre la temática.

Rol del jefe

A continuación, transcribimos algunos párrafos de la *Introducción* de esa obra:

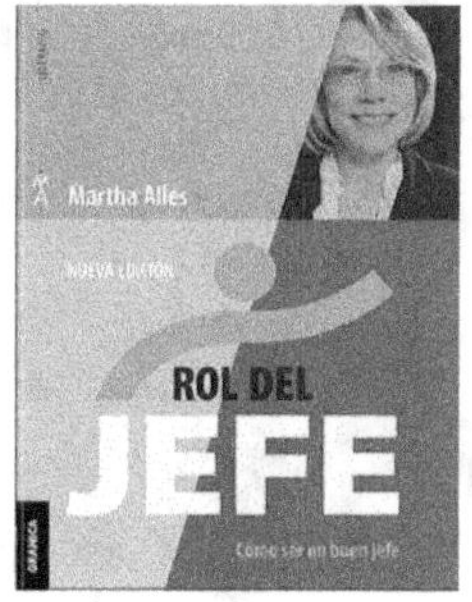

Muchos fuimos jefes por primera vez sin una preparación previa. En mi caso particular, tenía 25 años y me designaron "jefa" de cuatro profesionales, dos varones y dos mujeres, la mayoría de ellos con algunos años más que yo. Por aquellos años la característica de ser "jefa mujer" y, además, menor que sus colaboradores, era al menos poco frecuente, por no decir "extraño". No tuve ningún tipo de entrenamiento específico para desempeñarme en esas circunstancias, y el único consejo que recibí fue: "reúnase una vez por semana con cada uno de ellos para ver el avance de los trabajos". No fue mucho, pero sí suficiente para comenzar. A la luz de los años, admito, los errores fueron muchos...

¿Cuál es la idea que nos ha decidido a elaborar esta obra? La explicaremos a través de un ejemplo. Un gerente de ventas o un jefe de cuentas corrientes debe cumplir con aquello que su puesto le demande. Sin embargo, ser jefe implica mucho más: además de sus tareas específicas debe realizar todas aquellas tareas y funciones inherentes al rol de jefe...

No es nuestro propósito ofrecer al lector un libro académico sobre la temática. Sin embargo, el abordaje de cada uno de los temas será llevado a cabo con la rigurosidad pertinente. En materia de temas de management es posible encontrar diferentes enfoques. El nuestro será –en todos los casos– dentro de un marco profesional y ético, aunque no solemne.

Hemos adoptado un estilo simple para la presentación de temas complejos, considerando que la mayoría de los potenciales lectores tienen múltiples responsabilidades...

Martha Alles

Otros libros complementarios para mejorar su rol de jefe

12 pasos para ser un buen jefe

Libro-cuaderno en el cual se ven los siguientes temas:

Introducción

Comenzando por el principio. La primera evaluación: Test del jefe

12 pasos para transformarse en un buen jefe

PASO 1: Establezca una comunicación eficaz

PASO 2: Seleccione a un nuevo colaborador

PASO 3: Evalúe el desempeño de sus colaboradores

PASO 4: Ayude a los colaboradores a crecer

PASO 5: Logre una buena relación con sus colaboradores

PASO 6: Lidere con el ejemplo

PASO 7: Conduzca mejor a sus colaboradores

PASO 8: Plantee desafíos a sus colaboradores

PASO 9: Incentive el autodesarrollo

PASO 10: Genere confianza en sus colaboradores

PASO 11: Transfórmese en un jefe entrenador

PASO 12: Conozca los nuevos enfoques organizacionales

Nueva evaluación. Test del muy buen jefe

Bibliografía

Unas palabras sobre la autora

Guía de lecturas
Para conocer más sobre la obra de Martha Alles

Cómo delegar efectivamente en 12 pasos

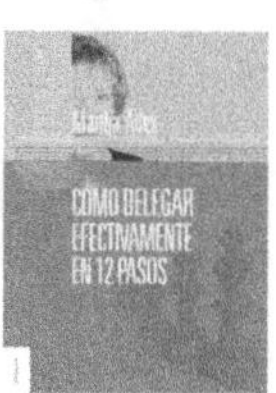

Libro-cuaderno en el cual se ven los siguientes temas:

Introducción

Comenzando por el principio. La primera evaluación. Test ¿Cómo delega?

PASO 1: Analice las tareas a su cargo

*PASO 2: Evalúe las capacidades de sus colaboradores
          Desarrolle la competencia Conducción de personas. Ejercicio 1*

PASO 3: Elija a quién delegar

*PASO 4: Comunique las tareas a delegar
          Desarrolle la competencia Conducción de personas. Ejercicio 2*

PASO 5: Brinde indicaciones precisas

*PASO 6: Determine necesidades de aprendizaje
          Desarrolle la competencia Conducción de personas. Ejercicio 3*

PASO 7: Analice caso por caso

*PASO 8: Asegúrese de contar con los recursos necesarios
          Desarrolle la competencia Conducción de personas. Ejercicio 4*

PASO 9: Brinde retroalimentación

*PASO 10: Evalúe el proceso de delegación
          Desarrolle la competencia Conducción de personas. Ejercicio 5*

PASO 11: Analice otra vez las tareas a su cargo

PASO 12: Delegue nuevas tareas

Formularios utilizados: índice completo y su relación con los 12 pasos de esta obra

Epílogo. Dos miradas. Organizacional e individual

Nueva evaluación. Test: ¿Cuánto mejoró mi delegación?

Bibliografía

Guía de lecturas

Unas palabras sobre la autora

Este libro se terminó de imprimir en el mes de junio de 2019
en los **Talleres Gráficos Color Efe** Paso 192, Avellaneda,
Buenos Aires, Argentina

www.ingramcontent.com/pod-product-compliance
Lightning Source LLC
Chambersburg PA
CBHW080900160726
48000CB00009B/2800